Die Aufgaben der Staatsprüfung für den höheren Justiz- und Verwaltungsdienst im Königreich Bayern.

1913.

Mit amtlicher Erlaubnis.

München 1914.
J. Schweitzer Verlag (Arthur Sellier).

Inhalt.

Erste Abteilung der schriftlichen Prüfung:
1. Aufgabe 4
2. Aufgabe 12
3. Aufgabe 18
4. Aufgabe 26
5. Aufgabe 32
6. Aufgabe 40
7. Aufgabe 50
8. Aufgabe 58
9. Aufgabe 70

Zweite Abteilung der schriftlichen Prüfung:
1. Aufgabe 96
2. Aufgabe 110
3. Aufgabe 116
4. Aufgabe 128
5. Aufgabe 142
6. Aufgabe 146
7. Aufgabe 150
8. Aufgabe 152
9. Aufgabe 156

Die

Staatsprüfungs-Aufgaben

im Jahre

1913.

Erste Abteilung.

1. Aufgabe.

(Aufgabe mit vierstündiger Arbeitsfrist.)

I.

Der Baumeister Robert Frei, der in Bergheim (Bayern) wohnt und bayerischer Staatsangehöriger ist, hat im Januar 1906 mit der Kaufmannstochter Berta, geb. Bär, die Ehe geschlossen. Bald nach der Heirat kam es zwischen den Ehegatten zu Zwistigkeiten. Am 1. Juli 1906 verließ Berta Frei die gemeinschaftliche Wohnung und reiste zu ihrem Oheim Anton Bär nach Wien. Mehrere Briefe ihres Mannes, die sie zur Rückkehr aufforderten, ließ sie unbeantwortet. Im November 1906 erhob Robert Frei zum Landgerichte Bergheim gegen seine Frau Anfechtungsklage mit dem Antrag, seine Ehe für nichtig zu erklären, weil seine Frau leidenschaftlich dem Morphiumgenuß ergeben sei; bei Eingehung der Ehe sei ihm das nicht bekannt gewesen. Berta Frei beantragte die Klage abzuweisen und erhob Widerklage auf Scheidung, weil ihr Mann am 28. Juni 1906 mit dem Dienstmädchen Anna Decker die Ehe gebrochen habe. Diese wurde als Zeugin benannt. Der Aufenthalt der Decker konnte jedoch nicht ermittelt werden. Das Landgericht erhob dagegen die übrigen von den beiden Parteien angebotenen Beweise und wies durch ein Urteil vom 8. März 1907 Klage und Widerklage ab, weil die Behauptungen der Parteien nicht bewiesen worden seien. Dieses Urteil ist am 1. Mai 1907 rechtskräftig geworden.

II.

Am 1. Februar 1910 richtete Robert Frei an seine Frau unter der Adresse ihres Oheims Anton Bär einen

Brief, in dem er sie aufforderte, zu ihm zurückzukehren und die eheliche Gemeinschaft wiederherzustellen. Nach einigen Tagen teilte ihm Anton Bär mit, seine Nichte wohne nicht mehr bei ihm; sie habe vor einem halben Jahre eine Stelle als Reisebegleiterin bei einer Dame angenommen und sei mit dieser nach Italien gereist; er kenne zwar ihren gegenwärtigen Aufenthalt, habe ihr aber versprochen, ihn geheim zu halten. Dem Briefe lag eine Postkarte der Berta Frei an ihren Oheim bei, deren Datum und Poststempel unkenntlich gemacht waren; darin erklärte Berta Frei, zu ihrem Manne werde sie nach dem, was vorgefallen sei, niemals zurückkehren.

III.

Am 3. Januar 1911 reichte Rechtsanwalt Feller für Robert Frei beim Landgerichte Bergheim Klage gegen Berta Frei ein mit dem Antrag, die Ehe wegen böslicher Verlassung zu scheiden und auszusprechen, daß die Beklagte die Schuld an der Scheidung trage. Er legte eine besondere, auf den Rechtsstreit gerichtete Vollmacht bei. Die Klage begründete er damit, daß sich die Beklagte über ein Jahr gegen den Willen des Klägers böslich von der häuslichen Gemeinschaft ferngehalten habe; auch bestünden gegen sie mindestens seit Jahresfrist die Voraussetzungen der öffentlichen Zustellung. Auf Antrag des Klägers erklärte der Vorsitzende den Sühneversuch für entbehrlich. Das Prozeßgericht bewilligte auf seinen Antrag die öffentliche Zustellung der Klage, nachdem die von Amts wegen angestellten Ermittelungen über den Aufenthalt der Berta Frei erfolglos geblieben waren. Die öffentliche Zustellung wurde am 15. März 1911 wirksam.

Im Termine vom 20. Juni 1911 erschien für den Kläger Rechtsanwalt Feller. Die Beklagte war nicht vertreten. Das Gericht erkannte durch Urteil nach dem Antrage des Klägers: es schied die Ehe aus Verschulden der Beklagten, überbürdete ihr die Kosten und ordnete die öffentliche Zustellung des Urteils an. In den Gründen führte es aus, daß durch die vom Kläger vorgelegten Ur-

kunden (den Brief des Anton Bär und die Postkarte der Berta Frei) die bösliche Verlassung erwiesen sei.

IV.

Gegen dieses Urteil legte Rechtsanwalt Manz namens der Berta Frei Berufung ein. Im Termine vor dem Berufungsgerichte (am 1. Oktober 1911) erschien für Robert Frei Rechtsanwalt Feller, für Berta Frei Rechtsanwalt Manz. Es wurde festgestellt, daß das landgerichtliche Urteil dem Rechtsanwalt Feller von Amts wegen am 26. Juni 1911 und der Beklagten öffentlich durch Anheftung an die Gerichtstafel vom 3. bis zum 20. Juli 1911 zugestellt worden war und daß die am 28. Juli 1911 bei der Gerichtsschreiberei des Oberlandesgerichts eingelaufene Berufungsschrift dem Rechtsanwalt Feller am 1. August 1911 zugestellt worden war.

Rechtsanwalt Manz beantragte das Urteil des Landgerichts aufzuheben und die Klage abzuweisen. Er führte aus: Der Mann habe kurz nach der Heirat mit dem Dienstmädchen Anna Decker die Ehe gebrochen; der Beklagten könne deshalb nicht zugemutet werden, zu ihm zurückzukehren. Der Aufenthalt der Anna Decker sei noch unbekannt, dagegen könne die Hausmeisterin Kunigunde Fischer in Lindenau den Ehebruch bestätigen und bekunden, daß der Kläger im Juni 1908 auch mit der unterdessen verstorbenen Kellnerin Olga Weiß die Ehe gebrochen habe. Rechtsanwalt Feller beantragte die Berufung der Beklagten zurückzuweisen; ihre Behauptungen seien unwahr, könnten übrigens auch in diesem Rechtsstreite nicht beachtet werden. Das Oberlandesgericht ordnete durch einen Beweisbeschluß an, daß Kunigunde Fischer über die Behauptungen der Beklagten als Zeugin zu vernehmen sei. Kunigunde Fischer als Zeugin vor dem Berufungsgerichte vernommen gab an:

„Anna Decker hat mir im Herbst 1906 zugestanden, daß sie im Juni 1906 mit Robert Frei geschlechtlich verkehrt hat. Die Ende 1908 verstorbene Olga Weiß hat mir kurz vor ihrem Tode erzählt, daß sie im Sommer 1908

mit Robert Frei Geschlechtsverkehr unterhalten hat. Ich habe das dem Rechtsanwalt Manz auf eine Anfrage im Februar 1911 brieflich mitgeteilt".

Termin zur Fortsetzung der Verhandlung wurde auf den 15. April 1912 anberaumt.

In einem Schriftsatze vom 14. März 1912, der am gleichen Tage bei Gericht einlief und dem Gegenanwalt zugestellt wurde, zeigte Rechtsanwalt Feller an, daß er die Vertretung des Robert Frei niedergelegt habe. Rechtsanwalt Manz kündigte durch einen Schriftsatz vom 20. März 1912 an, daß er im Termine vom 15. April 1912 seine früheren Anträge wiederholen, außerdem aber beantragen werde, die Ehe zu scheiden und den Kläger für den schuldigen Teil zu erklären. Die Beklagte mache nunmehr auch geltend, daß sie der Kläger während des Zusammenlebens wiederholt grundlos gröblich mißhandelt und beschimpft habe. Im Termine vom 15. April 1912 erschien für den Kläger niemand. Auf Antrag des Rechtsanwalts Manz wurde auf den 20. Mai 1912 vertagt. Am 10. Mai 1912 lief folgender Schriftsatz des Rechtsanwalts Manz vom 9. Mai 1912 ein:

> „Im Nachgange zu meinem Schriftsatze vom 20. März erhebe ich Widerklage. In der Verhandlung vom 20. Mai 1912, zu der ich den Gegner hiermit lade, werde ich beantragen, das Urteil des Landgerichts vom 20. Juni 1911 aufzuheben und die Ehe aus Verschulden des Klägers zu scheiden".

Im Termine vom 20. Mai 1912 erschien nur Rechtsanwalt Manz. Er wies nach, daß dem Rechtsanwalt Feller der Schriftsatz vom 20. März 1912 am 23. März 1912, der Schriftsatz vom 9. Mai 1912 am 10. Mai 1912 zugestellt wurde. Sodann verlas er die angekündigten Anträge und erhob ausdrücklich Widerklage. Er übergab eine Vollmacht vom 1. Juni 1911, wonach ihn Berta Frei „für den Rechtsstreit Robert Frei gegen Berta Frei wegen Scheidung, insbesondere auch zur Erhebung einer Widerklage" bevollmächtigte. Die Frage des Vorsitzenden, ob ihm der gegenwärtige Aufenthalt der Beklagten bekannt

sei, verneinte er mit dem Beifügen, er verkehre mit ihr nur schriftlich durch Anton Bär. Er begründete sodann seine Anträge: Die Klage des Mannes sei unbegründet; denn die Beklagte dürfe die Herstellung der ehelichen Gemeinschaft verweigern nicht nur wegen der Ehebrüche des Klägers, sondern auch wegen der im Schriftsatze vom 20. März 1912 geschilderten Mißhandlungen und Beleidigungen. Die Widerklage stützte Rechtsanwalt Manz auf den Ehebruch des Klägers mit Anna Decker und Olga Weiß.

Wie hat die Entscheidung des Oberlandesgerichts zu lauten?

Die Antworten sind zu begründen, die gesetzlichen Vorschriften sind anzuführen. Der Ehebruch des Robert Frei mit Anna Decker und Olga Weiß hat als erwiesen zu gelten. Ferner ist anzunehmen, daß die Vorschrift in § 607 Abs. 2 Satz 2 ZPO. beobachtet wurde.

2. Aufgabe.

(Aufgabe mit vierstündiger Arbeitsfrist)

Am 3. März 1913 kam der Pferdehändler Neuburger von Grünstadt zu dem Gutsbesitzer Meier in Au und bot diesem zwei schwere Zugpferde — einen Schimmel und einen Rappen — zum Kauf an. Meier, der sich die Pferde kurz zuvor im Stalle des Neuburger angesehen hatte, kaufte noch am Abend des 3. März den Schimmel um 1000 ℳ und nach weiteren Unterhandlungen am 5. März 1913 auch den Rappen um 500 ℳ. Der Preis für den Rappen wurde bis zum 1. Oktober 1913 gestundet. Den Schimmel bezahlte Meier am 5. März 1913, und zwar in der Weise, daß er dem Neuburger zwei Pfandbriefe der Bayerischen Handelsbank im Kurswerte von je 500 ℳ aushändigte. Den einen dieser Pfandbriefe hatte Meier seiner am 1. April 1892 geborenen Tochter Anna zum fünften, den anderen zum zehnten Geburtstage geschenkt und seitdem

für sie aufbewahrt. Darüber, ob die Pfandbriefe ihm oder seiner Tochter gehören, sagte Meier dem Neuburger nichts.

Als Neuburger am 7. März 1913 nach Grünstadt zurückgekommen war, überraschte ihn sein Prokurist durch die Mitteilung, er habe am 4. März 1913 den Schimmel und den Rappen an einen Bauern gegen Barzahlung verkauft und dem Käufer die Pferde sofort übergeben. Dem Neuburger war dies recht unangenehm. Um sich aus der Verlegenheit zu ziehen, kaufte er auf einem Pferdemarkte von unbekannten Personen einen Schimmel und einen Rappen und ließ diese Pferde am 15. März 1913 zu Meier bringen, der sie annahm, ohne die Verwechslung zu bemerken. Das eine dieser Pferde — den Schimmel — verpfändete Meier am 15. April 1913 an den Gastwirt Huber für ein ihm von diesem gegebenes Darlehen von 1000 ℳ. Wegen des anderen Pferdes — des Rappens — geriet Meier in einen Rechtsstreit mit einem Pferdezüchter, der behauptete, das Pferd sei ihm gestohlen und vermutlich von dem Dieb weiter veräußert worden. Neuburger, dem Meier den Streit verkündete, trat dem Rechtsstreite nicht bei. Die Behauptungen des Pferdezüchters wurden im Prozesse bewiesen. Meier mußte auf Grund des Urteils das Pferd dem Kläger herausgeben und 200 ℳ Prozeßkosten zahlen.

Auf Grund dieses Sachverhalts wurden bei dem Landrichte Grünstadt zwei Klagen erhoben:

1. Eine Klage des Meier gegen Neuburger auf Zahlung von 1200 ℳ mit folgenden rechtlichen Ausführungen. Der Kaufvertrag vom 3. März 1913 werde angefochten, weil Meier von Neuburger durch die Lieferung des falschen — von Meier nicht gekauften — Schimmels arglistig getäuscht worden sei. Die auf Grund dieses Kaufvertrags empfangenen 1000 ℳ habe deshalb Neuburger dem Meier zurückzugeben. Der Kaufvertrag vom 5. März 1913 werde nicht angefochten, aber wegen Nichterfüllung dieses Vertrages — da Meier den Rappen dem Pferdezüchter herausgeben mußte — nach § 440 Abs. 2 des BGB. Schadensersatz, und zwar Ersatz der 200 ℳ Prozeßkosten verlangt.

Der Anspruch auf Zahlung dieser 200 ℳ werde übrigens für alle Fälle auch auf das arglistige Verhalten des Neuburger gegründet.

2. Eine Hauptinterventions-Klage des Bahnsekretärs Obermeier, der sich am 1. September 1913 ohne Abschluß eines Ehevertrages mit der Tochter Anna des Meier verheiratet hatte, gegen Meier und Neuburger. In dieser Klage wurde beantragt, den Neuburger zur Zahlung der auf Grund des nichtigen Kaufvertrages vom 3. März 1913 empfangenen 1000 ℳ an die Bahnsekretärsfrau Anna Obermeier zu verurteilen, da Neuburger diesen Betrag nicht aus dem Vermögen des Meier sondern aus dem seiner Tochter Anna erhalten habe.

Das Landgericht Grünstadt beschloß auf Grund des § 147 der ZPO. die Verbindung der beiden Rechtsstreite. In der mündlichen Verhandlung trugen die Vertreter des Meier und des Obermeier den obigen Sachverhalt, die rechtlichen Ausführungen und die Klagsanträge vor. Der Vertreter des Neuburger beantragte die Abweisung der Klagen und führte folgendes aus. Anfechtbar seien die Kaufverträge vom 3. und 5. März 1913 nicht, wohl aber deshalb nichtig, weil sie — da Neuburger die verkauften Pferde nicht liefern könne — auf unmögliche Leistungen gerichtet seien. Somit habe Neuburger allerdings die auf Grund des Vertrages vom 3. März 1913 empfangene Leistung insoweit zurückzugeben, als er durch sie noch bereichert sei. Diese Bereicherung belaufe sich aber nur auf 800 ℳ, da Neuburger die zwei empfangenen Pfandbriefe am 1. April 1913 gegen ein unsicheres Industriepapier vertauscht und bei der Veräußerung dieses Papieres 200 ℳ verloren habe. Der von Meier auf § 440 Abs. 2 des BGB. gegründete Anspruch auf Ersatz der Prozeßkosten von 200 ℳ habe die Gültigkeit des Kaufvertrages vom 5. März 1913 zur Voraussetzung; diese Voraussetzung treffe aber nicht zu. Daß eine Haftung des Neuburger aus unerlaubter Handlung bestehe, werde gleichfalls bestritten. Im übrigen stehe dem Neuburger gegen Meier eine Gegenforderung von 1000 ℳ zu, mit welcher aufgerechnet werde. Meier

habe sich nämlich durch die Verpfändung des ihm von Neuburger gelieferten Schimmels 1000 ℳ verschafft und sei in Höhe dieses Betrages auf Kosten des Neuburger grundlos bereichert. Der Vertreter des Meier erklärte hierauf, für die Spekulationsverluste des Neuburger habe sein Mandant nicht aufzukommen. Meier müsse allerdings dem Neuburger den Schimmel zurückgeben, aber nicht dessen Wert; er werde den verpfändeten Schimmel demnächst wieder auslösen, dann könne sich Neuburger das Pferd holen. Der Anspruch auf Ersatz des Wertes der Pfandbriefe stehe dem Meier zu, da die Pfandbriefe diesem, nicht seiner Tochter Anna gehört hätten; die Geburtstagsschenkungen des Meier an seine minderjährige Tochter seien unwirksam gewesen. Der Vertreter des Obermeier erklärte auf Befragen des Vorsitzenden, daß ein Pfleger zur Entgegennahme der Geburtstagsschenkungen des Meier an seine Tochter nicht aufgestellt worden sei.

Wie ist über die Klagen des Meier und des Obermeier zu entscheiden?

Die Entscheidungen sind unter Prüfung aller rechtlichen Ausführungen der Parteien zu begründen.

3. Aufgabe.

(Aufgabe mit vierstündiger Arbeitsfrist.)

Der Kaufmann Karl Groß erwarb am 1. Dezember 1903 ein Kolonial- und Wollwarengeschäft in München. Um den Kaufpreis zahlen zu können, nahm er am gleichen Tage bei dem Kaufmann Reich ein vier Jahre lang unkündbares und dann halbjährig kündbares Darlehen von 10 000 ℳ auf.

Im Mai 1904 bezog Groß von Dietz, dem Teilhaber der Warenhausfirma Werth u. Co. in Mainz, der mit Zustimmung seines Gesellschafters Werth nebenher auf

eigene Rechnung ein Kaffeeversandtgeschäft betrieb, einen Posten Kaffee zum Preise von 700 ℳ, der durch einen Wechsel gedeckt werden sollte. Am 10. Mai 1904 schickte Dietz dem Groß ein Wechselformular zum Akzept, auf dem die Summe zu 700 ℳ und das Datum „10. Mai 1904“ bereits geschrieben und bemerkt war, daß die Summe vierzehn Tage nach Dato zahlbar sein solle, die Unterschrift des Ausstellers aber fehlte. Groß setzte sein Akzept bei und sandte das Papier an Dietz zurück. Dieser übergab es der Firma Werth u. Co. mit dem Rechte der Ausfüllung und unter Verrechnung der Valuta. Die Firma unterzeichnete als Ausstellerin und fügte den Vermerk „zahlbar bei der Reichsbankhauptstelle in München“ bei. Da Groß den Wechsel weder am Verfalltage noch nach ordnungsmäßiger Protsterhebung später einlöste, stellte die Firma Werth u. Co. gegen ihn im ordentlichen Verfahren Klage auf Zahlung der Wechselsumme zu 700 ℳ. Die Klage wurde dem Groß am 23. Mai 1907 zugestellt. Groß wandte ein, er habe nur in der Meinung und Absicht, dem Dietz ein Akzept zu geben, akzeptiert, davon daß Dietz den Wechsel einer anderen Firma übergeben werde, habe er nichts gewußt, der Vermerk, „zahlbar bei der Reichsbankhauptstelle in München“ sei ohne sein Wissen und Wollen beigesetzt worden, auch sei zwischen ihm und Dietz vereinbart worden, daß der Wechsel am Verfalltage nicht eingelöst zu werden brauche. Der prozeßbevollmächtigte Vertreter der Klägerin erklärte, daß die Firma von einer solchen Vereinbarung keine Kenntnis habe. Groß wurde zur Zahlung der Wechselsumme am 10. Juli 1907 verurteilt. Das Urteil wurde rechtskräftig.

Am 27. Dezember 1907 kaufte der Kaufmann Hans Port das Geschäft des Groß unter Ausschluß der Haftung für die Schulden des Geschäfts. Groß willigte schriftlich ein, daß die von ihm bisher geführte und in das Handelsregister eingetragene Firma „Karl Groß“ von dem Erwerber fortgeführt werde. Port betrieb das Geschäft unter der Firma „Hans Port, vormals Karl Groß“ weiter. Damit, daß Port die Firma in dieser Form fortführte, war

Groß nicht einverstanden. Er ließ daher, ehe Port bei dem Registergerichte zur Anmeldung der Änderung der Firma und ihres Inhabers erschienen war, seine Firma am 30. Dezember 1907 löschen. Am 2. Januar 1908 erklärte Port dem Registergerichte, daß er das Geschäft unter Ausschluß der Haftung für die Schulden übernommen und die Fortführung der Firma mit Groß vereinbart habe, und begehrte die Eintragung im Handelsregister. Am 4. Januar 1908 trug der Registerrichter die Firma neuerdings und die Änderung des Inhabers der Firma im Handelsregister ein, unterließ aber aus Versehen, auch den Ausschluß der Haftung für die Schulden einzutragen, und ordnete die Bekanntmachung an, die am 5. Januar 1908, ohne daß des Ausschlusses der Haftung für die Schulden Erwähnung geschah, bewirkt wurde. Erst im März 1908 wurde Port auf das Versehen aufmerksam. Er teilte nun sofort allen Gläubigern, insbesondere auch dem Reich und der Firma Werth u. Co. den Ausschluß der Haftung für die Passiven mit.

Am 23. Dezember 1907 hatte Groß bei der Firma Werth & Co. einen Waggon Wollwaren mit der Vereinbarung bestellt, daß München Erfüllungsort und der Kaufpreis bis 31. Dezember 1909 gestundet sein solle. Der mit 2800 ℳ fakturierte Waggon ging am 2. Januar 1908 von Mainz ab, kam am 10. Januar 1908 in München an und wurde auf ein Ausladegleis geschoben. Die Bahnbehörde teilte die Ankunft des Waggons dem Port mit und forderte ihn zur Entladung binnen 48 Stunden auf. Port schickte am 12. Januar 1908 seine Leute mit der Ermächtigung zur Bahn, den Frachtbrief und die Ware in Empfang zu nehmen und die Frachtkosten zu zahlen. Als mit Erlaubnis des zuständigen Eisenbahnpersonals mit der Entladung schon begonnen und ein Teil der Waren auf einen Wagen bereits verladen war, gerieten die schon ausgeladenen Warenballen durch Funken in Brand, die von einer vorüberfahrenden, mit einem Funkenfänger versehenen Lokomotive ausgestoßen worden waren. Die bereits ausgeladenen und der noch im Waggon befindliche Rest der

Waren verbrannten. Der Frachtbrief war zu dieser Zeit noch nicht ausgehändigt.

Reich hatte am 1. Januar 1908 seine Darlehensforderung dem Groß gekündigt, erhielt aber keine Zahlung. Er ließ daher gegen Groß und Port Klage auf Rückzahlung des Darlehens stellen. Beiden wurde die Klage am 2. Juli 1913 zugestellt. Groß wandte ein, daß die Haftung für die Schuld auf Port übergegangen und seine Haftung jedenfalls mit dem Ablaufe des 4. Januar 1913 infolge Verjährung erloschen sei. Port wandte ein, daß er für die Schulden des Groß nicht hafte und schon deshalb nicht haften könne, weil das Darlehen nicht im Geschäftsbetriebe, sondern zum Zwecke des Geschäftserwerbs aufgenommen worden sei und seine Firma zur Zeit der Kündigung gar nicht eingetragen gewesen sei. Für den Fall, daß das Gericht gleichwohl seine Mithaftung annehmen sollte, machte er geltend, daß nur dem Groß, nicht auch ihm gekündigt worden sei.

Es sind folgende Fragen zu beantworten:

1. Ist das Urteil vom 10. Juli 1907 zutreffend?
2. Wie sind die Amtshandlungen des Registerrichters zu beurteilen?
3. Kann die Firma Werth & Co. auf Grund des Urteils vom 10. Juli 1907 auch gegen Port die Zwangsvollstreckung betreiben?
4. Kann die Firma Werth & Co. Zahlung des Kaufpreises zu 2800 ℳ verlangen und von wem?
5. Kann gegen die Bahn ein Schadensersatzanspruch geltend gemacht werden?
6. Wie ist auf die Klage des Reich zu entscheiden?

Die Antworten sind unter Würdigung aller Einreden und unter Angabe der einschlägigen Gesetzesstellen zu begründen. Die tatsächlichen Behauptungen sind als wahr anzunehmen.

4. Aufgabe.

(Aufgabe mit vierstündiger Arbeitsfrist.)

Alois Dengler war Eigentümer der Hasenbrauerei in Weidach, Amtsgerichts Weidach, in dessen Bezirk das Grundbuch seit 1. Mai 1905 als angelegt anzusehen ist. Das Anwesen umfaßte auch mehrere dem landwirtschaftlichen Betriebe gewidmete Grundstücke sowie ein Wohnhaus. Das Gesamtanwesen, das nach dem Antrage des Dengler im Grundbuch als Grundstückseinheit auf einem Grundbuchblatt eingetragen war, war zunächst nur mit einer Hypothek ohne Brief von 10000 ℳ belastet, die seit 1. Juni 1906 für Dengler's Schwager, den Schmiedmeister Otto Rumberger in Raim auf dem Anwesen ruhte.

Im Jahre 1909 hatte Dengler seine Brauerei umgebaut. Hierzu hatte er sich ein in Teilbeträgen zu zahlendes Baugeld von der Versicherungsbank Bavaria in Mainburg verschafft und dieser eine Hypothek ohne Brief zu 40000 ℳ an seinem Grundbesitz bestellt. Am 1. Mai 1909 wurde diese Hypothek und, nachdem Rumberger mit seiner Hypothek im Range ausgewichen war, das dadurch bestimmte Rangverhältnis beider Hypotheken vorschriftsmäßig in das Grundbuch eingetragen, zugleich wurde zugunsten der Hypothek des Rumberger vereinbarungsgemäß eine Vormerkung zur Sicherung des Anspruchs auf Löschung des nicht zur Entstehung gelangenden Teils der Hypothek zu 40000 ℳ eingeschrieben.

Bald darauf bestellte Dengler auch dem Kaufmann Joseph Oberneder in Altenstadt, der auf dingliche Sicherstellung einer Warenforderung zu 5000 ℳ drang, eine mit 4 % verzinsliche Hypothek ohne Brief. Rumberger trat auch hinter diese Hypothek im Range zurück. Hypothek und Rangrücktritt wurden am 26. April 1910 eingetragen.

Bei einer Abrechnung zwischen Dengler und der Bavaria ergab sich, daß von dem zugesagten Baugeld 5000 ℳ nicht abgehoben wurden; gleichwohl blieb die Hypothek der Bavaria im vollen Umfang im Grundbuch stehen.

Nach einiger Zeit geriet Dengler in finanzielle Schwie-

rigkeiten. Am 1. Februar 1913 erwirkte der Bankier Siegfried Wolf in Neustadt für eine ausgeklagte Wechselforderung zu 4000 ℳ die Eintragung einer Zwangshypothek auf dem Grundbesitze Denglers. Rumberger kündigte seine Hypothekenforderung von 10000 ℳ zur Heimzahlung und erwirkte, da Zahlung nicht erfolgte, am 30. September 1913 bei dem Vollstreckungsgerichte die Anordnung der Zwangsversteigerung des Gesamtanwesens des Dengler; noch am gleichen Tage wurde der Versteigerungsvermerk eingetragen.

Dengler führte den Brauerei- und Landwirtschaftsbetrieb einstweilen weiter, entäußerte sich aber im Stillen mancher Vorräte. Am 2. Oktober 1913 verkaufte er die gesamten Biervorräte in Flaschen zu 1200 Stück um 1/4 des üblichen Großhandelspreises an den Gastwirt Leo Zapf in Holzhausen, der sie alsbald aus dem Anwesen des Dengler fortschaffte. Die übrig bleibenden 100 leeren Bierflaschen wurden am 3. Oktober 1913 auf Betreiben des Kaufmanns Bruno Dorn, eines persönlichen Gläubigers des Dengler, gepfändet und vom Grundstücke fortgeschafft. Zapf und Dorn hatten von der Beschlagnahme keine Kenntnis.

Von den am 28. September 1913 geernteten Kartoffeln verkaufte Dengler die Hälfte in 20 Säcken am 4. Oktober 1913 an den Oekonomen Ludwig Weilhamer in Indersdorf, der schon 3 Tage zuvor von der Beschlagnahme des Dengler'schen Anwesens Kenntnis erhalten hatte. Dieser gab die Säcke dem mit ihm befreundeten Ludwig Frey, der seit langer Zeit im Erdgeschosse des Dengler'schen Wohnhauses zur Miete wohnte. Frey sollte die Säcke in dem zu seiner Mietwohnung gehörenden Keller verwahren; er verkaufte sie aber am 10. Oktober 1913 an den Privatier Kennerknecht in Weidach, der ihn für den Eigentümer hielt und die Säcke noch am gleichen Tage abholen ließ.

Inzwischen hatte Joseph Oberneder für ältere Rückstände an Hypothekenzinsen auf Grund seines dinglichen Anspruchs einen Vollstreckungstitel gegen Dengler erwirkt und am 20. Oktober 1913 die von Kennerknecht angekauften Kartoffelsäcke durch den Gerichtsvollzieher Hartmann in Weidach pfänden lassen.

Im Versteigerungstermine vom 15. November 1913 erwarb Rumberger das Dengler'sche Anwesen für ein Bargebot von 8000 ℳ. Die Hypotheken der Bavaria zu 40000 ℳ und des Oberneder zu 5000 ℳ blieben nach den Versteigerungsbedingungen bestehen, die Hypothek des Siegfried Wolf fiel vollständig aus.

Noch am 10. November 1913 hatte Rumberger von seiner Hypothek zu 10000 ℳ den Teilbetrag zu 4000 ℳ mit dem Range vor dem Reste an den Kaufmann Albert Neumann in Wangen formgerecht abgetreten. Nach dem Verteilungsplane des Amtsgerichts Weidach vom 21. November 1913 soll dieser Teilbetrag voll zur Hebung kommen. Am 22. November 1913 vereinbarten Rumberger und Neumann mit notarieller Urkunde, daß die Teilhypothek des Neumann bestehen bleiben solle. Zugleich erklärte Rumberger, daß er für seine Person aus der für ihn eingetragenen Vormerkung keine weiteren Rechte ableite, daß er aber auch aus Rücksicht für Neumann die Löschung dieser Vormerkung nicht beantrage. Dengler trat hierauf am 24. November 1913 seinen „Restvalutaanspruch und seine etwaige Eigentümergrundschuld" gegen Bezahlung von 1000 ℳ im Wege schriftlichen Privatvertrags an den Handelsmann Moritz Ulsamer ab.

1. Otto Rumberger beansprucht als Ersteher und Hypothekengläubiger die verkauften und gepfändeten Bierflaschen sowie die gepfändeten Kartoffelsäcke mit der Begründung, daß durch die von ihm erwirkte Beschlagnahme Zubehörstücke und Erzeugnisse der Veräußerung und dem Zugriffe anderer Gläubiger entzogen worden seien und daß die beanspruchten Gegenstände durch den Zuschlag ihm als Ersteher ohne Weiteres zugefallen seien.

2. Siegfried Wolf erhebt gegen den Teilungsplan Widerspruch, weil bei der Hypothek zu 40000 ℳ der löschungsreife Teilbetrag zu 5000 ℳ in das geringste Gebot nicht hätte aufgenommen werden dürfen und die Abtretung der 5000 ℳ an Ulsamer wegen der Löschungsvormerkung gesetzlich unzulässig gewesen sei.

3. Neumann macht als Zessionar des Rumberger die

Rechte aus der Löschungsvormerkung für seine Teilhypothek zu 4000 ℳ geltend; er klagt gegen Dengler und Ulsamer auf Anerkennung, daß ihnen auf den nicht zur Entstehung gelangten Teil von 5000 ℳ der Hypothek von 40000 ℳ kein Anspruch zustehe, und auf Einwilligung in die Löschung dieses Teilbetrags.

Sind die Ansprüche des Rumberger, der Widerspruch des Wolf und die Klage des Neumann begründet?

Die Antworten sind unter Angabe der Gesetzesstellen zu begründen.

---

5. Aufgabe.

(Aufgabe mit vierstündiger Arbeitsfrist.)

Der Zigarrenhändler Oskar Spielhuber in Daburg trat mit notariellem Vertrage vom 16. Oktober 1909 an seine Schwester Martha Spielhuber in Daburg schenkungsweise eine Forderung im Betrage von 2000 ℳ ab, für die auf dem Anwesen des Schuldners, des Bäckermeisters Knöpfle in Daburg an 1. Rangstelle eine Hypothek ohne Brief eingetragen ist. Das Anwesen des Knöpfle hat einen Wert von 10000 ℳ. Die Abtretung wurde am 21. Oktober 1909 im Grundbuch eingetragen. Die Schenkung hatte Oskar Spielhuber vorgenommen, weil seine Schwester aus dem Nachlaß einer entfernten Verwandten wider Erwarten letztwillig nicht bedacht worden war, während er einen beträchtlichen Erbteil erhalten hatte.

Im Sommer 1910 geriet Spielhuber, dessen Vermögensverhältnisse bisher sehr günstig waren, durch eine verfehlte Spekulation in bedrängte Lage. Er stellte deshalb am 1. September 1910 seine Zahlungen ein, bemühte sich aber um einen außergerichtlichen Vergleich mit seinen Gläubigern.

Am 15. September 1910 erwirkte der Bankier Geldmeier, der als Berater des Spielhuber dessen Verhältnisse

genau kannte, auf Grund eines wegen einer Darlehensforderung zu 1000 ℳ ergangenen, seit 20. Juni 1910 rechtskräftigen Versäumnisurteils die Eintragung einer Sicherungshypothek zu 1000 ℳ auf dem bisher unbelasteten Anwesen des Spielhuber in Daburg. Am 20. September 1910 verkaufte Geldmeier die Forderung nebst der Hypothek um 300 ℳ an seinen Schwager, den Unterhändler Weil. Dieser war sich über die Lage des Spielhuber nicht im unklaren, er wußte auch, daß Geldmeier die Eintragung der Hypothek in Kenntnis der Zahlungseinstellung des Schuldners erwirkt hatte. Gleich dem Geldmeier hoffte er aber, daß der Konkurs durch das Eingreifen der Verwandten vermieden werde und daß er durch den in Aussicht stehenden Vergleich für die Forderung jedenfalls mehr als den Kaufpreis erhalte. Die Abtretung wurde noch am 20. September im Grundbuch eingetragen.

Wider Erwarten versagten aber die Verwandten des Spielhuber jede Hilfe. Um sich noch möglichst zu decken, erwirkte Weil am 30. September 1910 gegen Martha Spielhuber bei dem Landgerichte Daburg eine einstweilige Verfügung, die der Martha Spielhuber „zur Sicherung des Anfechtungsrechtes des Weil bis zur Durchführung der Klage gegen sie wegen Gläubigerbenachteiligung jede Verfügung über ihre Hypothekenforderung gegen Knöpfle, insbesondere deren Einziehung oder Abtretung" verbot. Die einstweilige Verfügung wurde der Spielhuber am 1. Oktober 1910 zugestellt und am gleichen Tage im Grundbuch eingetragen.

Zur Erhebung der Anfechtungsklage des Weil kam es aber nicht. Am 18. Oktober 1910 nachmittags 5 Uhr wurde auf Antrag des Spielhuber vom Tage vorher über sein Vermögen der Konkurs eröffnet.

Mit eingeschriebenen Briefen vom 24. August 1911, die den Adressaten am 25. August 1911 zugingen, erklärte der Konkursverwalter der Martha Spielhuber und dem Weil, daß er den Erwerb der Hypotheken durch sie wegen Benachteiligung der Gläubiger hiermit anfechte und

Schadloshaltung der Masse verlange. Auf ihre Weigerung erhob er Klage.

Zunächst erhob er Klage gegen Martha Spielhuber. Die Klage wurde am 31. Oktober 1911 bei dem Landgericht eingereicht und der Beklagten am 3. November 1911 zugestellt. In der Klage wurde beantragt, die Anfechtbarkeit des Schenkungsvertrags vom 16. Oktober 1909 festzustellen und die Beklagte zu verurteilen, in die Berichtigung des Grundbuchs durch Umschreibung der Hypothek zu 2000 ℳ auf die Konkursmasse einzuwilligen. Durch die Erwirkung der einstweiligen Verfügung habe der Gläubiger Weil die nach § 3 Nr. 3 des Anfechtungsgesetzes anfechtbare Schenkung rechtzeitig angefochten. Die weitere Verfolgung des Anfechtungsanspruchs stehe dem Konkursverwalter zu. In zweiter Linie werde die Klage auf § 29 und § 32 Nr. 1 der Konkursordnung gestützt. Infolge der schriftlichen, der Beklagten am 25. August 1911 erklärten Anfechtung sei die Schenkung als von Anfang an nichtig anzusehen. Aus der Nichtigkeit des Grundgeschäftes folge, daß die Hypothek in die Konkursmasse zurückzugewähren sei.

Die Beklagte beantragte die Abweisung der Klage. Weil habe seine Forderung im Konkurs nicht angemeldet, sein etwaiger Anfechtungsanspruch könne deshalb auf die Masse nicht übergegangen sein. Abgesehen davon seien die vom Kläger bezeichneten Tatbestände des Anfechtungsgesetzes und der Konkursordnung nicht erfüllt und die Anfechtung nach keinem der beiden Gesetze rechtzeitig erklärt.

Sodann erhob der Konkursverwalter Klage gegen Geldmeier und Weil. Die Klage wurde bei dem Landgericht am 2. November 1911 eingereicht und beiden Beklagten am 4. November 1911 zugestellt. In der Klage beantragte der Konkursverwalter den Geldmeier und den Weil samtverbindlich zu verurteilen, den Verzicht auf die Sicherungshypothek zu 1000 ℳ zu erklären und die Eintragung des Verzichts im Grundbuche zu bewilligen. Die Erwirkung der Sicherungshypothek durch Geldmeier sei nach § 30 Nr. 1 Halbs. 2 der Konkursordnung anfecht-

bar, weil Geldmeier bei dem Antrag auf Eintragung die Zahlungseinstellung des Gemeinschuldners gekannt habe. Nach allgemeinen Rechtsgrundsätzen hafte für die Rückgewähr auch der spätere Erwerber Weil, der den schlechten Glauben des Geldmeier gekannt habe und selbst schlechtgläubig gewesen sei. Die gesamtschuldnerische Haftung ergebe sich aus § 840 des BGB.

Die Beklagten beantragten die Abweisung der Klage. Geldmeier habe durch die Eintragung der Sicherungshypothek nur erlangt, was ihm gesetzlich zustehe (s. § 866 ZPO.). Die Kenntnis der Zahlungseinstellung könne ihm nicht schaden, weil er ohne Fahrlässigkeit damit gerechnet habe, daß der Konkurs nicht ausbreche. Auf die Hypothek könne er nicht verzichten, weil er sie nicht mehr habe. Durch die Abtretung der Hypothek sei er jeder Haftung entledigt, die etwa vorher bestanden habe. Schlimmsten Falles müsse sich seine Haftung auf den übrigens schon vor der Klagerhebung verbrauchten Kaufpreis von 300 ℳ beschränken.

Für Weil wurde vorgebracht, er habe die Hypothekenforderung im besten Glauben an ihren rechtlichen Bestand erworben und berufe sich deshalb auf den Schutz des § 892 des BGB. Warum er neben Geldmeier und noch dazu als Gesamtschuldner haften solle, sei nicht einzusehen. Auf jeden Fall verweigere er die Rückgewähr der Hypothek, bis ihm der Kaufpreis von 300 ℳ, sei es aus der Masse, sei es von Geldmeier, ersetzt sei.

Der Konkursverwalter erklärte nachträglich, die Klage auch auf § 30 Nr. 2 der Konkursordnung zu stützen, und beantragte in zweiter Linie, auf Grund des vorgetragenen Tatbestands die Beklagten samtverbindlich zur Zahlung von 300 ℳ an die Konkursmasse zu verurteilen. Die Beklagten entgegneten, daß sie sich jeder Änderung der Klage widersetzen.

Sind die Klagansprüche begründet? In der Antwort sind die gesetzlichen Vorschriften anzuführen und alle von den Parteien geltendgemachten Gesichtspunkte zu würdi-

gen. Die nicht bestrittenen Behauptungen sind als richtig anzusehen. Persönliche Beziehungen im Sinne des § 31 Nr. 2 der Konkursordnung bestehen zwischen dem Gemeinschuldner und Geldmeier oder Weil nicht.

6. Aufgabe.

(Aufgabe mit vierstündiger Arbeitsfrist.

In dem ausgedehnten Bezirke der bayerischen Stadt Sternberg liegen zwei größere Fabriken: Im Norden das Eisenwerk Sternberg, Eigentum des Gottfried Müller, im Süden die Schwäb. Eisenkonstruktionsfabrik, ein jüngeres Konkurrenzunternehmen, das die Brüder Adam und Cajus Maier in offener Handelsgesellschaft betrieben.

Ende August 1913 lud der Stadtmagistrat Burgberg zur Submission auf eine eiserne Brücke ein; die Angebote waren bis zum 1. Oktober 1913 verschlossen einzureichen; an diesem Tage sollte die Eröffnung erfolgen. Adam und Cajus Maier waren entschlossen, zu submittieren; daß dies auch Gottfried Müller tun werde, daran zweifelten sie nicht; sie sprachen darüber auch mit ihrem Prokuristen Peter Streber.

Anfang September 1913 regte Streber, ein in sehr bescheidenen Verhältnissen lebender, von Dienstbeflissenheit und Ehrgeiz für seine Firma erfüllter Mann, bei Cajus Maier an, dieser solle sich durch Bestechung eines Bediensteten des Eisenwerks Sternberg von dessen Offerte vorzeitig Kenntnis verschaffen, damit die Schwäb. Eisenkonstruktionsfabrik ihre Preise niedriger stellen und das Eisenwerk Sternberg schlagen könne; er hob dabei hervor, wie förderlich es für die junge Fabrik sei, wenn ihr ein größerer Auftrag eines öffentlichen Verbands zufalle. Cajus Maier wies das Ansinnen mit der Bemerkung zurück, er werde zu einem so illoyalen Unternehmen, das er dem Streber nie zugetraut hätte, die Hand nicht bieten. Streber bat um Entschuldigung und um Verschwiegenheit; er schlug sich auch den Gedanken an das geplante Beginnen aus dem Kopfe.

Sein ehrgeiziger Plan kam ihm erst wieder in den Sinn, als am 20. September 1913 abends Cajus Maier im Gasthause tödlich vom Schlage getroffen wurde. Während Adam Maier zu der Leiche des Bruders eilte, begab sich Streber nach kurzer Überlegung in das offene Nachbarhaus, wo Cajus Maier im Erdgeschoß allein eine Junggesellenwohnung innehatte, öffnete die verschlossene Wohnungstüre mit einem Nachschlüssel, betrat das Wohnzimmer des Verlebten und durchsuchte dessen Schreibpult nach Geld; mit dem Gelde beabsichtigte er einen Bediensteten des Eisenwerks Sternberg zu bestechen. Er fand jedoch nur ein Heft mit Formblättern, die Cajus Maier zu Quittungen zu verwenden pflegte, wenn er auf sein Privatkonto Geld aus der Geschäftskasse nahm. Als er das Heft, weil wertlos, zur Seite legen wollte, fiel ihm auf, daß ein Formblatt von dem Verstorbenen schon unterzeichnet war; dieses Formblatt steckte er zu sich und entfernte sich, nachdem er die Wohnung wieder verschlossen hatte. Am Morgen des 21. September füllte er das Formblatt aus, indem er den Betrag von 500 ℳ und das Datum des 19. September 1913 einsetzte. Hierauf nahm er aus der von ihm verwalteten Geschäftskasse 500 ℳ, verbuchte sie als am 20. September 1913 an Cajus Maier ausbezahlt und heftete die durch die Ausfüllung des Formblatts entstandene Quittung in die Kassenbelege ein. Am 21. September 1913 nachmittags prüfte Adam Maier das Kassabuch und die Belege; er beanstandete den Posten zu 500 ℳ um so weniger, als er in der Geldbörse seines Bruders mehr als 400 ℳ bar gefunden hatte. Das Kassabuch nebst Belegen wurde später der Auseinandersetzung des Nachlasses des Cajus Maier zugrunde gelegt.

Im Geschäftszimmer des Gottfried Müller hatte der Ausgeher Isidor Schwächlich die Briefe zu schließen, um sie sodann zur Post zu bringen. Das wußte Streber. Am Abend des 21. September 1913 begab er sich in die Wohnung des Schwächlich und teilte ihm mit, voraussichtlich werde bald eine Sendung an den Stadtmagistrat Burgberg, die die Submissionsofferte des Müller für die

eiserne Brücke in Burgberg enthalte, in seine — des Schwächlich — Hände gelangen; diese solle er zunächst nicht schließen, sondern ihm — Streber — in die Wohnung bringen, damit er davon Einsicht nehmen könne; nach einer Stunde könne er sie wieder holen und zur Post tragen. Streber fügte bei, selbstverständlich solle Schwächlich das nicht umsonst tun, er — Streber — werde seine Firma von der Offerte des Eisenwerks Sternberg unterrichten und dafür sorgen, daß Schwächlich ein gutes Trinkgeld bekomme. Da Schwächlich wußte, daß die Offerte Dritten gegenüber geheim zu halten sei, lehnte er zunächst ab. Er sagte aber zu, als Streber ihm eine Belohnung von 500 ℳ in Aussicht stellte und ihn durch die Erzählung beruhigte, daß erst jüngst in einem Rechtsstreite seiner Firma entschieden worden sei, eine Submissionsofferte habe keine rechtliche Bedeutung, solange sie nicht bei der ausschreibenden Stelle eingelaufen sei; übrigens könne er sich widrigenfalls darauf berufen, daß er als Ausgeher die Offerte gar nicht verstanden, ja nicht einmal durchgelesen habe.

Am 25. September 1913 nachmittags bekam denn auch Schwächlich einen an den Stadtmagistrat Burgberg gerichteten Brief zur Versendung, dessen Umschlag die Aufschrift „Submissionsofferte für die neue eiserne Brücke" trug. Nach Schluß des Geschäfts brachte er den offenen Brief, ohne in den Inhalt Einblick genommen zu haben, in die Wohnung des Streber. Dieser schrieb die Offerte sofort ab und gab dem Schwächlich als er sich später wieder einfand, den Brief zurück; zugleich händigte er ihm die versprochenen 500 ℳ in Banknoten aus. Auf dem Rückwege zählte eben Schwächlich unter einer Straßenlaterne das Geld, als sein Dienstherr Müller auf der Heimkehr vom Wirtshaus an ihm vorüberkam; Müller trat unbemerkt an Schwächlich heran und fragte ihn, was er da tue. Schwächlich erschrak heftig und legte auf die weitere Frage, woher das Geld sei, ein volles Geständnis ab. Darauf erklärte ihm Müller, daß er sofort entlassen sei.

Streber übergab sogleich am nächsten Morgen die Ab-

schrift der Offerte dem Adam Maier; dieser lehnte es jedoch mit Entrüstung ab, davon irgend welchen Gebrauch zu machen.

Im Eisenwerk Sternberg war auch ein Schwager des Schwächlich, der Heizer Quirin Scharf beschäftigt. Diesem erzählte Schwächlich in der Frühe des 26. September 1913 die Vorfälle der letzten Nacht. Scharf versuchte noch am gleichen Morgen, kurz nach Beginn der Arbeitszeit, den Gottfried Müller zu bestimmen, mit Rücksicht auf die Familie des Schwächlich dessen Entlassung zurückzunehmen. Müller lehnte dies ab. Darauf erklärte Scharf, daß auch er gehe, und verließ sofort den Dienst.

Unmittelbar nach dieser Unterredung traf Scharf mit Schwächlich zusammen; er unterrichtete ihn von dem, was sich soeben zugetragen hatte. Beide gingen ratlos das staatliche Industriegeleise entlang, das das Eisenwerk Sternberg mit dem Bahnhofe Sternberg verbindet, und beschlossen in ihrer Erbitterung, an Müller Rache zu nehmen. Scharf schlug vor, sie wollten den Eisenbahnzug zur Entgleisung bringen, der täglich um die Mittagsstunde vom Bahnhofe Sternberg abfuhr, um das Eisenwerk Sternberg mit seinem Bedarf an Rohmaterialien zu versorgen. Schwächlich äußerte zuerst Bedenken, weil dabei das Zugspersonal (ein Lokomotivführer und ein Heizer) ums Leben kommen könnte. Als Scharf erwiderte, das sei ihm gleich, Schwächlich solle doch nicht soviel Rücksicht auf andere nehmen, auf ihn werde auch keine Rücksicht genommen, war er einverstanden. Während sie nach dem Wäldchen gingen, durch das das Industriegeleise führt, verfielen sie auf den Gedanken, die zum Eisenwerk Sternberg führende Telephonleitung zu unterbrechen. Zu diesem Zwecke kletterte Schwächlich auf Veranlassung des Scharf auf eine der neben dem Geleise befindlichen Stangen der Leitung, um den Draht zu durchtrennen; es sollte dadurch dem Müller wenigstens für den Vormittag unmöglich gemacht werden, eine telephonische Verbindung zu erreichen. Scharf stand dabei nur Wache. Während Schwächlich die Stange emporkletterte, kam der mit der Beaufsichtigung

der Telephonleitung betraute staatliche Streckenwärter Lorenz Schuster auf seinem Dienstgang unbemerkt dazu. Dem Schuster war sofort klar, was geschehen sollte. Da er jedoch mit Schwächlich befreundet und wegen früherer Vorkommnisse dem Müller nicht gut gesinnt war, sah er davon ab, den Schwächlich zu stören. Er blieb, ohne daß die beiden ihn bemerkten, stehen und entfernte sich erst, nachdem er gesehen hatte, daß dem Schwächlich nach längerem Bemühen die Durchtrennung des Drahtes gelungen war. Scharf und Schwächlich gingen dann neben dem Bahnkörper weiter. In einem Einschnitte, wo sie nicht beobachtet werden konnten, beseitigten sie auf beiden Seiten des Geleises die Schrauben, die die Schienen untereinander und mit den Schwellen verbanden, und schoben die Schienen eine Hand breit nach außen. Dann liefen sie, es war etwa ½11 Uhr vormittags, nach verschiedenen Richtungen davon.

Den Schwächlich ergriff bald Reue. Er ging allein nach dem Bahneinschnitte zurück und brachte dort die Schienen wieder in ihre frühere Lage; doch konnte er sie nicht festschrauben, da er die Eisenteile, die sie weggeworfen hatten, nicht mehr fand. Er gab auch das Suchen alsbald auf, weil er annahm, die Gefahr sei auch so schon beseitigt.

Doch es kam anders: Die Lokomotive, vor der die losgeschraubten Schienen sofort ausweichen, entgleiste. Als der Heizer die Gefahr erkannte, sprang er vom Zug ab; hierbei fiel er auf die Böschung mit dem Kopf auf einen Stein und blieb tot liegen. Dem Lokomotivführer gelang es durch einen besonders glücklichen Griff, den Zug rasch zum Stehen zu bringen; er kam unverletzt davon. Der Materialschaden war nicht nennenswert.

Wie ist der obige Sachverhalt in objektiver und subjektiver Hinsicht strafrechtlich zu beurteilen?

Soweit die Strafverfolgung durch die Stellung eines

Strafantrags bedingt ist, ist anzunehmen, daß dieser rechtzeitig und rechtsförmlich gestellt ist.

Die Antworten sind unter Angabe der gesetzlichen Bestimmungen zu begründen.

---

7. Aufgabe.

(Aufgabe mit vierstündiger Arbeitsfrist.)

Die am 10. August 1895 geborene Zigeunerin Bertha Weiß zog im Sommer 1913 nach dem Tode ihrer Eltern monatelang mit ihrem vierjährigen Schwesterchen, ziel-, mittel- und obdachlos im südlichen Bayern umher. Sie suchte keine Gelegenheit zu redlichem Erwerb, sondern sprach in den Orten, durch die sie kam, um milde Gaben vor. Die Nacht vom 9. auf 10. August verbrachte sie mit ihrem Schwesterchen in einem Heustadel, dessen nur durch Vorlegen eines Querriegels verschlossenes Tor sie leicht hatte öffnen können. Am nächsten Tag, einem Sonntag, kam sie in das Dorf Velden, während die Bewohner fast sämtlich dem Vormittagsgottesdienst anwohnten. Als sie am Wirtshaus vorüberging, sah sie durch ein offenstehendes Fenster in der leeren Gaststube auf einem Teller 4 kleine Würste liegen. Da kam ihr der Gedanke, die Würste zu entwenden und gemeinsam mit dem Kinde zu verzehren. Die einzige Türe der Gaststube mündete in den Hausflur. Hier befürchtete die Weiß jemandem zu begegnen. Sie wagte deshalb nicht, sich selbst durch die Türe in die Gaststube zu begeben, sondern hob ihr Schwesterchen durch das 1,30 m über dem Boden angebrachte offenstehende Fenster hinein und hieß dem Kinde die Würste zu holen. Das Kind tat es, brachte aber seiner Schwester außer den Würsten noch ein 20 ℳ-Stück, das neben den Würsten gelegen und dem Kinde durch seinen Glanz begehrlich erschienen war. Die Weiß nahm Geld und Würste an sich und eilte mit dem Kinde auf dem Arm rasch davon. Der Wirt Peter Reich betrat die Gaststube, als die Weiß eben ihr Schwesterchen aus dem Fenster hob. Er bemerkte so-

fort den Abgang der Würste und des Goldstücks, eilte der Weiß nach und nahm ihr die entwendeten Sachen wieder ab. Anzeige wollte er nicht erstatten. Einen Denkzettel sollte aber die Weiß erhalten. Reich wollte ihr mit einem dünnen Stock einen leichten Schlag auf den Kopf geben. Sie wich aus. So kam es, daß der Schlag das Kind am Kopfe traf und seinen sofortigen Tod herbeiführte. Wie sich bei der Leichenöffnung herausstellte, war die tödliche Wirkung des Schlags nur daraus zu erklären, daß die Schädeldecke des Kindes ganz ungewöhnlich dünn war.

Die Leiche wurde auf den Friedhof in Velden gebracht. Die Weiß kümmerte sich nicht weiter darum, sondern verließ Velden auf der Straße nach dem Dorfe Moos. Gendarm Schlau in Velden hatte inzwischen vom Tode des Kindes Kenntnis erhalten und den Wirt Reich darüber vernommen. Dieser erstattete nun auch Anzeige gegen die Weiß. Schlau verfolgte sofort die Weiß auf seinem Fahrrad, holte sie kurz vor Moos ein und führte sie dem Amtsgericht Wallstadt vor, zu dessen Bezirk Moos und Velden gehören. Die Weiß gestand ihre Verfehlungen offen ein und gab insbesondere zu, daß sie das 20 ℳ-Stück für sich verwenden wollte. Wegen Fluchtverdachts wurde gegen sie Haftbefehl erlassen und sie ins Landgerichtsgefängnis Wallstadt eingeliefert.

Am 29. August fand gegen sie vor dem Schöffengericht beim Amtsgericht Wallstadt Hauptverhandlung statt. Sie wiederholte ihr Geständnis. Festgestellt wurde, daß sie schon öfters, u. a. wegen Betrugs, Unterschlagung, Bettelns und Gewerbsunzucht, einmal auch wegen Diebstahls bestraft worden war. Am 3. Juni 1912 hatte sie nämlich ein Holzscheit im Werte von 40 ₰ entwendet. Mit dem Holze hatte sie in den folgenden Tagen zur Bereitung der Mahlzeiten für sich und ihre Angehörigen Feuer gemacht. Wegen der Entwendung des Holzes wurde sie am 5. Juli 1912 vom Schöffengerichte beim Amtsgerichte Hinterwalden auf Grund des § 242 StGB. zu einer Gefängnisstrafe von 1 Tage verurteilt. Die Strafe verbüßte sie vom 21. auf 22. Juli 1912.

Die Hauptverhandlung endete damit, daß die Weiß wegen eines mit einer Übertretung des Mundraubs rechtlich zusammentreffenden Vergehens des Diebstahls nach § 242 des StGB. und wegen zweier damit in sachlichem Zusammenhange stehender Vergehen des Hausfriedensbruchs nach § 123 Abs. 1 des StGB. zu einer Gefängnisstrafe von 1 Monat sowie wegen Landstreicherei in rechtlichem Zusammenhange mit Betteln zu einer Haftstrafe von 4 Wochen verurteilt wurde; die Fortdauer der Untersuchungshaft wurde angeordnet; auf die Gefängnisstrafe wurden 2 Wochen der Untersuchungshaft angerechnet.

Bei der Abfassung des Protokolls über die Hauptverhandlung übersah der Gerichtsschreiber Klein den Ausspruch wegen der Anrechnung der Untersuchungshaft in die Urteilsformel aufzunehmen. Der Vorsitzende des Schöffengerichts, Amtsrichter Hurtig glaubte sich auf Klein verlassen zu können und übernahm deshalb bei der schriftlichen Abfassung des Urteils die Urteilsformel ohne weitere Prüfung aus dem Protokoll.

Das Urteil erlangte mit dem Ablauf des 5. September die Rechtskraft. Inzwischen war Amtsrichter Hurtig versetzt worden. Seinem Amtsnachfolger, Amtsrichter Schmitt legte der Gerichtsschreiber Klein am 6. September die Akten nebst einer von ihm unterschriebenen und mit der Bescheinigung der Vollstreckbarkeit versehenen beglaubigten Abschrift der Urteilsformel vor. Schmitt erblickte darin, daß gegen die Weiß eine Haftstrafe von 4 Wochen ausgesprochen worden war, einen Verstoß gegen § 57 Abs. 1 Nr. 3 des StGB. Er trug Bedenken, die nach seiner Ansicht ungesetzliche Strafe vollstrecken zu lassen, gab deshalb dem Verwalter des Landgerichtsgefängnisses Wallstadt, Schön unter Mitteilung der Gründe den Befehl, in Abweichung vom Urteil gegen die Weiß außer der Gefängnisstrafe von 1 Monat nur eine Haftstrafe von 3 Wochen zu vollstrecken. Schön glaubte, daß er weder berechtigt noch verpflichtet sei, die Gesetzmäßigkeit dieses Befehls zu prüfen. Er eröffnete seinen Inhalt der Weiß und gab ihr gegen Unterschrift bekannt, daß

hiernach ihre Strafzeit mit dem 6. September beginne und mit dem 26. Oktober ende. Die Weiß bemerkte sofort, daß die im Urteil angeordnete Anrechnung der Untersuchungshaft unterblieben war. Sie machte aber Schön hierauf nicht aufmerksam, sondern erklärte sich mit der Strafzeitberechnung einverstanden. Sie sah nämlich Mitte Oktober ihrer Entbindung entgegen. Es war ihr deshalb sehr erwünscht, daß sie infolge der falschen Strafzeitberechnung 14 Tage länger Obdach und Verpflegung im Gefängnis erhielt. Schön merkte den 26. Oktober nachts 12 als Strafende vor. Demgemäß wurde die Weiß am 27. Oktober morgens 7 Uhr entlassen; auf Grund des § 108 Abs. III der Hausordnung für die Gerichtsgefängnisse war ihr erlaubt worden, die Nacht vom 26. auf 27. Oktober noch im Gefängnis zu verbringen.

Für die Nacht vom 27. auf 28. Oktober fand die Weiß mit ihrem Kinde, das sie am 14. Oktober im Gefängnis geboren hatte, im Asyl für Obdachlose in Wallstadt Aufnahme. Am Morgen des 28. Oktober öffnete sie mittels eines starken Drahtes, den sie vorn umgebogen hatte, die Türe zur Wohnung des Verwalters des Asyls. Sie wußte nicht, daß die Türe ohne weiteres durch Umdrehen eines daran angebrachten Griffes geöffnet werden konnte. Aus der Wohnung entwendete sie die Uhr des Verwalters im Werte von 30 ℳ.

Ihr Kind wurde ihr bald lästig. Um sich seiner zu entledigen, ohne daß es einen Schaden nehme, legte sie es am Nachmittag des 4. November in warme Tücher gehüllt auf den Fußsteig der Straße von Wallstadt nach Bergdorf. Sie selbst versteckte sich dicht daneben zwischen jungen Fichten, von wo sie dem Kinde im Falle einer Gefährdung sofort hätte beispringen können. Es verging kaum eine Viertelstunde, da ging der Handelsmann Martin Süß vorüber. Er erblickte das Kind und nahm es von Mitleid ergriffen an sich, um es in Wallstadt der Polizeibehörde zu übergeben. Als er mit dem Kinde außer Sehweite war, entfernte sich die Weiß in der entgegengesetzten Richtung. Nachträglich sagte sich Süß, er könne mit dem

Kinde Unannehmlichkeiten bekommen. Er ging deshalb wieder zurück und legte das Kind an die Stelle, von der er es aufgehoben hatte. Dann setzte er seinen Weg fort. Kurz darauf begann ein heftiges Schneegestöber, das bis zum Abend dauerte. Von Schnee fast ganz bedeckt, wurde das Kind von den wenigen Personen, die noch vorüberkamen, nicht bemerkt. In der folgenden Nacht fand es infolge Kälte und Hunger seinen Tod.

Ist das Urteil des Schöffengerichts bei dem Amtsgerichte Wallstadt vom 29. August 1913 richtig?

Wie ist im übrigen der obige Sachverhalt in objektiver und subjektiver Richtung strafrechtlich zu beurteilen?

Soweit die Strafverfolgung durch die Stellung eines Strafantrags bedingt ist, ist anzunehmen, daß dieser rechtzeitig und rechtsförmlich gestellt ist.

Die Antworten sind unter Angabe der gesetzlichen Bestimmungen zu begründen.

---

8. Aufgabe.

(Aufgabe mit vierstündiger Arbeitsfrist.)

Vorbemerkung: Die benachbarten Gemeinden Kirchheim und Schulbach sind Sitze von Amtsgerichten, die zum Bezirke des bayerischen Landgerichts Burgstadt gehören. Bei dem Landgerichte Burgstadt tritt auch das Schwurgericht zusammen.

Am 4. Januar 1913 vormittags nahm der in Schulbach wohnende ledige Schlosser Zacharias Zech zu Kirchheim in der Wohnung der Gastwirtswitwe Regina Rot, die wegen teilweiser Körperlähmung ihre Angelegenheiten nicht zu besorgen vermochte und der deshalb das Amtsgericht Kirchheim den Kaufmann Siegmund Sorg in Kirchheim als Pfleger bestellt hatte, Schlosserarbeiten vor. Hierbei war die am 5. Juli 1895 geborene Tochter der

Regina Rot, Rosa Rot, anwesend. Zacharias Zech machte bei dieser Gelegenheit auf Rosa Rot einen unsittlichen Angriff.

Hiervon gab Rosa Rot am 6. Januar ihrer Mutter Kenntnis, ohne jedoch Einzelheiten des Vorganges mitzuteilen; sie fügte bei, der Bäckerlehrling Peter Pfeiffer sei Zeuge des Vorganges gewesen.

Regina Rot reichte noch am 6. Januar beim Amtsgerichte Kirchheim eine Privatklage gegen Zech ein, worin sie die Erzählung ihrer Tochter wiedergab und beifügte:

„Dieses Verhalten des Zech hat mich persönlich beleidigt, weil die Ehre meiner Tochter auch meine eigene Ehre ist. Ich stelle deshalb für meine Person Privatklage gegen Zacharias Zech wegen der mir zugefügten Beleidigung (§ 185 des StGB.), beantrage die Eröffnung des Hauptverfahrens und benenne den Peter Pfeiffer als Zeugen."

Nachdem die Klage auf Anordnung des Gerichts dem Zech unter Bestimmung einer Frist zur Erklärungsabgabe mitgeteilt worden war, ließ Zech durch seinen Verteidiger, den Rechtsanwalt Leicht, lediglich geltend machen, Regina Rot könne nicht selbst, sondern nur durch ihren Pfleger Privatklage erheben.

Der im Vorverfahren vernommene Zeuge Pfeiffer konnte über den Vorgang nichts aussagen. Das Amtsgericht Kirchheim wies deshalb mit Beschluß vom 15. Januar die Privatklage ab, weil der Vorgang nicht erwiesen werden könne. Der Beschluß wurde der Regina Rot am 16. Januar zugestellt. Bald darauf, am 25. Januar, starb sie. Am 20. Februar wurde ihr früherer Pfleger Siegmund Sorg vom Amtsgericht Kirchheim als Vormund ihrer Tochter Rosa bestellt. Er mußte im März eine Geschäftsreise nach Amerika antreten und bat seinen Freund, den Kaufmann Stefan Streng in Kirchheim, den er schon im Dezember 1912 mit notarieller Urkunde zur Vertretung in allen seinen Rechtsangelegenheiten bevollmächtigt hatte, etwaige, wichtigere Angelegenheiten seines Mündels Rosa Rot dem Gerichte zu unterbreiten.

Streng hatte zwar schon am 6. Januar gerüchtweise davon gehört, daß Rosa Rot von einem Arbeiter belästigt worden sei, erhielt aber erst am 6. April von Rosa Rot, die sich zum Besuch einer Freundin auf einige Tage nach Schulbach begeben hatte, brieflich nähere Mitteilungen über den Vorgang, insbesondere über die Person des Arbeiters. Dabei erfuhr er auch, daß Regina Rot erfolglos Privatklage gegen Zech erhoben hatte.

Noch am 6. April richtete Streng an das Amtsgericht Kirchheim ein Schreiben, worin er unter dem Betreffe „Vormundschaft über die Gastwirtstochter Rosa Rot von Kirchheim, zur Zeit in Schulbach" die Erzählung der Rosa Rot über den Vorfall vom 4. Januar wiedergab mit dem Bemerken, daß er zwar schon am 6. Januar durch ein unbestimmtes Gerücht von einer Belästigung der Rosa Rot gehört, aber erst heute — am 6. April — den genaueren Sachverhalt, insbesondere den Namen des Täters, erfahren habe. Er fügte bei, er besitze von dem Vormunde Sorg Generalvollmacht, dieser habe ihn auch noch besonders gebeten, wichtigere Angelegenheiten seines Mündels dem Gerichte mitzuteilen. Die Eingabe schloß mit den Worten:

> „Namens des Vormundes Sorg stelle ich zum K. Amtsgericht Strafklage gegen Zech wegen Beleidigung der Rosa Rot."

Dieses Schreiben ging am 7. April beim Amtsgericht Kirchheim ein und wurde dem Vormundschaftsrichter zugeleitet. Da er die Sache noch mit dem Vormunde selbst besprechen wollte, legte er das Schreiben vorerst zu den Akten.

Am 10. April teilte Rosa Rot ihrem noch in Amerika weilenden Vormunde Sorg den Vorfall vom 4. Januar brieflich mit und sprach den Wunsch aus, daß Zech die verdiente Strafe erhalten solle. Diesen Brief erhielt Sorg am 30. April. Er fertigte noch am gleichen Tage eine kurze Eingabe an das Amtsgericht Schulbach, worin er in seiner Eigenschaft als Vormund „mit Bezug auf den beiliegenden Brief der Rosa Rot vom 10. April" gegen Zech Klage wegen Beleidigung der Rosa Rot erhob

und Verhandlung beantragte. Aus Versehen sandte Sorg, der die Schriftstücke längere Zeit liegen gelassen hatte, zunächst nur den Brief der Rosa Rot an das Amtsgericht Schulbach, wo er am 5. Juli eintraf. Das nachgesandte Begleitschreiben des Sorg ging dort am 30. Juli ein.

Am 7. Juli hatte sich auch Rosa Rot selbst an das Amtsgericht Schulbach mit einem daselbst am gleichen Tage eingegangenen Schreiben gewendet und Bestrafung des Zech wegen der ihr am 4. Januar zugefügten Unbill begehrt. Inzwischen hatte Streng von seiner Eingabe an das Amtsgericht Kirchheim vom 6. April dem Sorg Kenntnis gegeben. Sorg erhielt den Brief am 31. Juli und schrieb noch am gleichen Tage an das Amtsgericht Kirchheim, er billige die Eingabe des Streng vom 6. April, von der er soeben erst erfahren habe, ihrem ganzen Inhalte nach und erwarte, daß dementsprechend gegen Zech vorgegangen werde. Dieser Brief des Sorg ging am 10. August bei dem Amtsgerichte Kirchheim ein. Der Vormundschaftsrichter leitete den Brief und die in Vergessenheit geratene Eingabe des Streng vom 6. April sofort an die Gerichtsabteilung für Strafsachen. Auf Anordnung des Richters vom 11. August erfolgte die Zustellung der beiden Schriftstücke an Zech und an die Staatsanwaltschaft bei dem Landgerichte Burgstadt. Nach dem Ablaufe der zur Erklärungsabgabe bestimmten Frist und nach Erhebung der Personalien des Zech beschloß der Amtsrichter am 21. August die Eröffnung des Hauptverfahrens vor dem Schöffengerichte beim Amtsgerichte Kirchheim gegen den am 4. Januar 1896 in Dingfeld geborenen ledigen Schlosser Zacharias Zech in Schulbach, Sohn der dort wohnenden Werkmeisterseheleute Michael und Maria Zech, wegen eines Vergehens der Beleidigung nach § 185 des Strafgesetzbuchs und bestimmte Termin zur Hauptverhandlung auf den 15. September.

Schon am 1. August hatte aber auch das Amtsgericht Schulbach die Eingabe des Sorg vom 30. April nebst dem Briefe der Rosa Rot an Sorg vom 10. April sowie die Eingabe der Rosa Rot vom 7. Juli dem Zech und der

Staatsanwaltschaft bei dem Landgerichte Burgstadt mitgeteilt und eine Frist zur Erklärungsabgabe bestimmt. Nach Ablauf der Frist eröffnete das Amtsgericht Schulbach durch Beschluß vom 22. August das Hauptverfahren gegen Zech wegen Beleidigung vor dem Schöffengerichte beim Amtsgerichte Schulbach und bestimmte Termin zur Hauptverhandlung auf den 15. September. Am 10. September bat Zech schriftlich um Verlegung des Termins, weil „er am gleichen Tage schon in Kirchheim eine Verhandlung wegen Beleidigung der Rosa Rot habe". Das Amtsgericht Schulbach hob den Termin auf und überschickte seine Akten dem Amtsgerichte Kirchheim zur etwaigen Verwertung gegen Zurückgabe mit den dortigen Akten. Das Amtsgericht Kirchheim ließ zu seinen Akten von den Schreiben der Rosa Rot vom 10. April und 7. Juli und des Sorg vom 30. April Abschriften herstellen.

In der Hauptverhandlung vor dem Schöffengerichte beim Amtsgerichte Kirchheim vom 15. September gab der Vorsitzende aus den Akten der Amtsgerichte Kirchheim und Schulbach die bei diesen Gerichten eingegangenen Schriftstücke des Streng, des Sorg und der Rosa Rot bekannt. Der Angeklagte Zech bestritt bei seiner Vernehmung das Klagevorbringen nicht, übergab jedoch einen Brief der Rosa Rot vom 10. September, worin sie ihm mitteilte, sie wolle ihm auf seine Bitten um Verzeihung nicht länger zürnen, könne aber mehr nicht für ihn tun. Rosa Rot erkannte diesen Brief an. Der Verteidiger des Zech, Rechtsanwalt Leicht, beantragte, den Angeklagten ohne Beweiserhebung sofort freizusprechen. Er machte geltend, vor allem liege ein ordnungsmäßiger Strafantrag nicht vor, keine der auf Bestrafung des Zech abzielenden Erklärungen sei rechtzeitig an das Gericht gelangt; durch den Beschluß des Amtsgerichts Kirchheim vom 15. Januar sei das Verfahren endgültig erledigt; auch das schon seit dem 1. August bei dem Amtsgerichte Schulbach anhängige Verfahren stehe nach dem Grundsatze „ne bis in idem" der Durchführung des jetzigen Verfahrens entgegen; überdies habe Rosa Rot durch ihr am 10. September an Zech

gerichtetes Schreiben Klage und Strafantrag zurückgenommen und auf die Verfolgung des Zech verzichtet.

Rechtsanwalt Jung als Bevollmächtigter des aus Amerika zurückgekehrten Sorg und des Streng trat den Einwendungen des Verteidigers entgegen und bemerkte, daß jedenfalls der im Schreiben des Streng vom 6. April enthaltene Strafantrag rechtzeitig gestellt sei, weil der 6. April ein Sonntag gewesen sei, so daß die Antragsfrist frühestens mit dem 7. April geendet habe. Vorsorglich bat er für Sorg um die Wiedereinsetzung in den vorigen Stand gegen die etwaige Versäumung der Klage- und Antragsfrist.

Nachdem sich die Beteiligten noch zur Straf- und Kostenfrage geäußert hatten, stellte das Schöffengericht ohne Zeugenvernehmung durch Urteil das Verfahren ein, weil der erforderliche Sühneversuch nicht vorgenommen sei.

Gegen dieses Urteil legte Rechtsanwalt Jung rechtzeitig und rechtsförmlich Berufung zum Landgerichte Burgstadt ein. Zur Hauptverhandlung vor der Strafkammer dieses Gerichts wurde Termin auf den 20. Oktober bestimmt.

In dieser Hauptverhandlung fanden sich alle Beteiligten ein. Nach der Berichterstattung und der Vernehmung des Angeklagten Zech, bei der sich herausstellte, daß er am 4. Januar 1895 nachmittags 6 Uhr geboren war, wurde Rosa Rot über den Sachverhalt befragt. Hierbei ergaben sich folgende neue Einzelheiten:

Zech hatte am 4. Januar vormittags in der Wohnung der Regina Rot an deren Tochter Rosa das Ansinnen gestellt, sich ihm geschlechtlich hinzugeben, und auf ihre Weigerung sie zu Boden geworfen und festgehalten, um seine Absichten zu verwirklichen, dann aber infolge ihres Widerstandes und ihres Schreiens von ihr abgelassen und sich schimpfend entfernt.

Der Angeklagte Zech gab zu, daß sich der Vorgang im wesentlichen auf diese Weise abgespielt habe. Rechtsanwalt Jung als Vertreter des Sorg und des Streng beantragte, nach Lage der Sache zu erkennen. Der Ver-

teidiger, Rechtsanwalt Leicht, wiederholte seine früheren Einwendungen und beantragte allenfalls Verweisung der Sache an das Schwurgericht. Dabei bemerkte er noch, von einer Verfolgung wegen Beleidigung könne ohnehin keine Rede sein, wenn ein Sittlichkeitsverbrechen vorliege; denn damit könne ein Vergehen der Beleidigung weder im begrifflichen noch im sachlichen Zusammenflusse stehen.

Das Gericht verkündete sofort die Entscheidung.

Wie hat die Entscheidung zu lauten?

Die Beurteilung des Kostenpunkts hat zu unterbleiben.

Die Entscheidung ist unter Bezeichnung der anzuwendenden Gesetzesstellen zu begründen. Hierbei sind die Anträge und Erklärungen der Beteiligten einzeln zu würdigen und die Entscheidungen des Amtsgerichts Kirchheim vom 15. Januar und des Schöffengerichts Kirchheim vom 15. September zu beurteilen.

---

9. Aufgabe.

(Aufgabe mit neunstündiger Arbeitsfrist.)

Der bei dem Bayerischen Landgerichte Velden zugelassene Rechtsanwalt List in Velden reichte bei der Zivilkammer dieses Landgerichts als Prozeßbevollmächtigter der Buchhalterin Irene Huber in Velden eine gegen den Kaufmann Anton Huber in Velden und den Gastwirt Alfred Bauer daselbst gerichtete Klageschrift ein. Der Vorsitzende der Zivilkammer bestimmte Termin auf den 2. Dezember 1913 vormittags 9 Uhr. Die Klageschrift nebst Terminsbestimmung wurde den beiden Beklagten am 25. Oktober 1913 zugestellt. Die Beklagten bestellten den bei dem Landgerichte Velden zugelassenen Rechtsanwalt Wolf in Velden als Prozeßbevollmächtigten. Eine weitere Klageschrift gegen Anton Huber und Alfred Bauer reichte bei

der Zivilkammer des Landgerichts Velden der bei dem Landgerichte zugelassene Rechtsanwalt Falk in Velden als Prozeßbevollmächtigter des Verwalters Christian Dorn in Buch ein. Der Vorsitzende der Zivilkammer beraumte auch in dieser Sache Termin auf den 2. Dezember 1913 vormittags 9 Uhr an. Die Zustellung dieser Klageschrift samt der Terminsbestimmung an die beiden Beklagten erfolgte gleichfalls am 25. Oktober 1913. Die Beklagten bestellten in dieser Sache ebenfalls den Rechtsanwalt Wolf als Prozeßbevollmächtigten. In beiden Klagesachen wurden die erforderlichen Schriftsätze gewechselt. In der Sitzung vom 2. Dezember 1913 war die Zivilkammer besetzt mit dem Landgerichtspräsidenten Alt und den Landgerichtsräten Roth und Ernst; den Dienst des Gerichtsschreibers versah der geprüfte Rechtspraktikant Jung.

Nachdem der Vorsitzende die beiden Sachen aufgerufen hatte, stellten die Rechtsanwälte List und Falk Antrag auf Verbindung der Prozesse zum Zwecke gleichzeitiger Verhandlung und Entscheidung. Rechtsanwalt Wolf verlas den gleichen Antrag aus einem in der Sache Irene Huber gegen Anton Huber und Bauer von ihm eingereichten Schriftsatze. Durch sofort verkündeten Beschluß wurde die Verbindung der beiden Prozesse angeordnet.

Hierauf verlas Rechtsanwalt List aus seiner Klageschrift den Antrag, Urteil zu erlassen:

> Die Beklagten sind samtverbindlich schuldig, an die Klägerin 37000 ℳ nebst 4 v. H. Zinsen daraus seit 1. August 1913 zu bezahlen.

Rechtsanwalt Falk verlas aus seiner Klageschrift den Antrag, zu erkennen:

> Die Beklagten sind samtverbindlich schuldig, an den Kläger Christian Dorn 70000 ℳ nebst 4 v. H. Zinsen hieraus seit 1. August 1913 zu bezahlen.

Rechtsanwalt Wolf beantragte, beide Klagen abzuweisen.

Rechtsanwalt List begründete seinen Antrag wie folgt: Die Rentnersehegatten Adolf und Berta Huber in

Velden haben im Juli 1900 geheiratet. Einige Wochen vor ihrer Verehelichung vereinbarten sie in einem notariellen Ehevertrag als ihren Güterstand die Errungenschaftsgemeinschaft. Aus ihrer Ehe sind Kinder nicht hervorgegangen. Der Mann hatte aus erster Ehe drei Söhne, den Beklagten Anton Huber, den am 1. Juli 1913 im ledigen Stande verstorbenen und auf Grund Testaments von dem Beklagten Anton Huber allein beerbten Schreinermeister Joseph Huber in Velden und den verheirateten Goldschmied Georg Huber in Velden. Adolf und Berta Huber errichteten am 1. Januar 1910 einen notariellen Erbvertrag, in dem sie bestimmten:

„I. Wir leben in Errungenschaftsgemeinschaft und setzen uns gegenseitig zu Erben ein. Zugleich ordnen wir an, daß nach dem Tode des Überlebenden von uns der dritte Teil unseres beiderseitigen Nachlasses an unseren Sohn Anton fallen soll.

II. Im übrigen verfügen wir weiter:

1. Der Rest meines — des Mannes — Vermögens soll an meine — des Mannes — gesetzlichen Erben fallen; mein Sohn Georg soll jedoch von der Erbfolge ausgeschlossen sein und nur den Pflichtteil erhalten. Meine Nichte Maria Abel bekommt ein Vermächtnis von 1000 ℳ.
2. Der Rest meines — der Frau — Vermögens soll an meinen Neffen Alfred Bauer, Gastwirt in Velden, fallen. Mein Neffe Christian Dorn, Verwalter in Huben, erhält 70000 ℳ, meine Nichte Helene Emmerich, Lehrerin in Werden, 3000 ℳ und meine Tante Anna Fink, Kaufmannsfrau in Elster, 35000 ℳ.
3. Aus unserem gemeinschaftlichen Vermögen soll eine Summe von 30000 ℳ zu einem wohltätigen Zwecke verwendet werden; das Überlebende von uns weiß schon, wie die Summe verwendet werden soll."

Am 15. März 1913 starb Berta Huber. Der Erbvertrag vom 1. Januar 1910 wurde ganz eröffnet. Adolf

Huber erklärte nach der Eröffnung des Erbvertrags zu der Bestimmung in Ziffer II, 3 desselben, daß er und seine Frau wiederholt davon gesprochen hätten, das Waisenhaus in Landshut, seinem Geburtsort, oder das Krankenhaus in Passau, dem Geburtsorte seiner Frau, zu bedenken; zu einem endgültigen Entschlusse sei es jedoch nicht gekommen, er behalte sich das Weitere vor.

Am 1. August 1913 starb Adolf Huber. Die Beklagten nahmen von dem Nachlasse des Adolf und der Berta Huber Besitz und versilberten ihn; der Gesamterlös, der auf den Namen der beiden Beklagten bei einer Bank hinterlegt ist, betrug 300000 ℳ und entsprach dem Werte des Nachlasses. Bei dem Tode der Berta Huber hatte das beiderseitige gesamte Vermögen der Ehegatten Huber denselben Wert.

Der Ehemann Adolf Huber hat zu seinen Erben in Ziffer I des Erbvertrags seinen Sohn Anton zu einem Drittel und in Ziffer II, 1 seine gesetzlichen Erben für den Rest seines Vermögens ernannt. Sein Sohn Georg besitzt eine einzige Tochter Irene, die schon volljährig ist. Da Georg von der Erbfolge im Erbvertrag ausgeschlossen ist, sind seine Tochter, die Klägerin, und der Beklagte Anton Huber die gesetzlichen Erben des Adolf Huber. Die Beklagten bestreiten, daß die Klägerin Erbin des Adolf Huber geworden sei, und verweigern ihr jede Zahlung. Die Klägerin beansprucht deshalb nach der Bestimmung in Ziffer II, 1 des Erbvertrags die Hälfte des Vermögens des Adolf Huber nach Abzug des auf Anton Huber nach der Ziffer I des Erbvertrags fallenden Teiles dieses Vermögens und nach Abzug des Pflichtteils des Georg Huber und des Vermächtnisses an die Maria Abel.

Der beiderseitige Gesamtrücklaß beträgt 300000 ℳ. Hievon erhält Anton Huber nach der Ziffer I des Erbvertrags den dritten Teil, so daß noch 200000 ℳ verbleiben. Die Hälfte hievon, also 100000 ℳ, ist der Rest des Vermögens des Adolf Huber. Hievon hat sein Sohn Georg den Pflichtteil mit 1/4, also 25000 ℳ zu beanspruchen. Von den übrig bleibenden 75000 ℳ geht noch

das Vermächtnis an die Maria Abel mit 1000 ℳ ab; es verbleiben mithin 74000 ℳ. Hievon gebührt der Klägerin die Hälfte, also die in der Klage verlangte Summe von 37000 ℳ, wozu noch die gesetzlichen Zinsen seit dem Todestage des Erblassers kommen. Für die Forderung der Klägerin haften die Beklagten als Gesamtschuldner, da sie den Nachlaß geteilt haben, ohne die Klägerin zu befriedigen.

Rechtsanwalt Falk führte aus:

Der Anspruch des Christian Dorn stützt sich auf den von Rechtsanwalt List bereits bekannt gegebenen Erbvertrag vom 1. Januar 1910. Da die beiden Beklagten dem Christian Dorn die Auszahlung des ihm zugewendeten Vermächtnisses von 70000 ℳ verweigern, sieht er sich genötigt, hierauf zu klagen. Aus dem gleichen Grunde wie Irene Huber, nimmt Dorn die Beklagten als Gesamtschuldner in Anspruch. Sein Recht, Zinsen zu verlangen, bedarf wohl keiner näheren Begründung.

Rechtsanwalt Wolf erwiderte:

Der Sachdarstellung des Rechtsanwalts List habe ich lediglich beizufügen, daß Adolf Huber in einem am 1. Juni 1913 errichteten notariellen Testamente das Vermächtnis an Maria Abel auf 2000 ℳ erhöhte.

In der Sache selbst möchte ich zunächst vorausschicken, daß die Berechnung des Nachlasses des Adolf Huber, wie sie von der Klägerin erfolgte, völlig unzutreffend ist. Die Ehegatten Adolf und Berta Huber lebten in Errungenschaftsgemeinschaft. Bei Eingehung der Ehe brachte der Mann eine Ausstattung im Werte von 3000 ℳ, ferner 21000 ℳ in Geld und ein Haus im Werte von 51000 ℳ ein. Die Frau brachte eine Ausstattung im Werte von 6000 ℳ ein. Bei dem Tode der Ehegatten Huber waren ihre Ausstattungen noch vorhanden, sie hatten noch den gleichen Wert. Das von dem Mann in die Ehe eingebrachte Haus war während der Ehe um 60000 ℳ verkauft worden. Es bildet also den Nachlaß des Adolf Huber nicht einfach die Hälfte desjenigen, was nach Abzug

des auf Anton Huber gemäß Ziffer I des Ehevertrags fallenden Dritteils von dem beiderseitigen Gesamtvermögen der Eheleute Huber übrig bleibt. Irene Huber könnte daher, selbst wenn sie erbberechtigt wäre, nicht einfach als ihren Erbteil die Hälfte der Summe beanspruchen, die sich nach Abzug des gemäß Ziffer II, 1 des Erbvertrags zu entrichtenden Vermächtnisses der Maria Abel und des Pflichtteils des Georg Huber berechnet, sondern sie müßte berücksichtigen, daß unter den Ehegatten Errungenschaftsgemeinschaft bestand. Abgesehen davon müßte sie doch auch das in Ziffer II, 3 des Erbvertrags angeordnete Vermächtnis von 30000 ℳ zu wohltätigen Zwecken berücksichtigen, wie sie auch das Vermächtnis an Maria Abel mit 2000 ℳ in Ansatz bringen müßte. Aus dem Gesagten ergibt sich von selbst, daß die Klägerin auch den Pflichtteil ihres Vaters Georg falsch berechnet hat.

Warum ferner die Beklagten die von der Klägerin erhobene Forderung vom Todestage des Erblassers Adolf Huber an verzinsen sollen, ist mir unklar.

Ich will indessen auf diese Punkte nicht weiter eingehen. Denn der Klägerin Irene Huber steht überhaupt kein Erbanspruch zu. Sie wird nach gesetzlicher Bestimmung durch ihren Vater Georg Huber ausgeschlossen. Adolf Huber hat ausdrücklich seinem Sohne Georg den Pflichtteil zugewendet, ihm dadurch tatsächlich die Stellung eines Erben gegeben und nur den Betrag seines Erbteils geschmälert; es ist anzunehmen, daß er mit dieser Bestimmung den ganzen Stamm, also auch die Enkelin Irene treffen wollte, und daß er, wenn er anders gewollt hätte, es ausdrücklich angeordnet haben würde.

Endlich kommt in Betracht, daß der Beklagte Alfred Bauer gar nicht Erbe ist. Er ist nur Vermächtnisnehmer. Rechtlich liegt die Sache so, daß die Ehefrau Berta Huber von ihrem Mann als Vorerben, und ihrem Stiefsohn Anton Huber als Nacherben, und der Ehemann Adolf Huber von seinem Sohn Anton allein beerbt worden ist. Der Erbvertrag enthält nur zwei Erbeinsetzungen, nämlich die des überlebenden Ehegatten als Vorerben des erstverster-

benden und die des Anton Huber. Daß die letztere ihrem Wortlaute nach auf ein Drittel beschränkt ist, hat nur für die Verteilung des Nachlasses, nicht für die Erbenqualität und den Umfang des Erbrechts des Anton Huber Bedeutung. Es ist ja ein uralter Satz, daß nemo pro parte testatus, pro parte intestatus decedere potest.

Aus diesen Ausführungen folgt, daß Alfred Bauer von der Klage ohne Weiteres zu entbinden ist.

Aber selbst, wenn man ihn als Miterben betrachten wollte, wäre die Behauptung unbegründet, daß die Beklagten als Gesamtschuldner haften, denn eine Teilung des Nachlasses ist nicht erfolgt, und unter allen Umständen haften Erben nach der Teilung nur für unbestrittene Ansprüche samtverbindlich, nicht aber für solche Ansprüche, die sie nicht anerkennen, und deshalb zu befriedigen gehindert sind.

In der zweiten Sache liegt der Rechtsstreit für die Beklagten noch günstiger. Der Kläger Christian Dorn hat nach der Errichtung des Erbvertrags seine Tante Berta Huber gröblich beleidigt. Berta Huber hat ihrem Manne von dem ihr angetanen Schimpfe Mitteilung gemacht, und dieser hat ihr geraten, dem Neffen das ausgesetzte beträchtliche Vermächtnis zu entziehen; es sei ihm lieber, wenn der Beklagte Alfred Bauer, der ihn früher in seinem Geschäft unterstützt habe, ihnen beiden stets mit Achtung begegnet und in keineswegs glänzenden Vermögensverhältnissen sei, dem Kläger weniger oder gar nichts auszubezahlen habe. Nach dieser Besprechung hat Berta Huber am 1. Februar 1912 folgende von ihr eigenhändig geschriebene und unterschriebene letztwillige Verfügung errichtet:

„Velden, den 1. Februar 1912.

Da sich mein Neffe Christian so abscheulich gegen mich benommen hat, ziehe ich die zu seinen Gunsten in unserem Erbvertrage vom 1. Januar 1910 getroffene Verfügung hiemit zurück.

Berta Huber.“

Auf diesem Testamente hat der Mann Adolf Huber eigenhändig vermerkt:

„Einverstanden. Adolf Huber."

Hienach kann Christian Dorn überhaupt nichts fordern. Aber selbst wenn seine Vermächtnisforderung begründet wäre, könnte er sie nur gegen Anton Huber geltend machen; nur dieser ist, wie ich schon ausführte, der Erbe der Berta Huber. Alfred Bauer ist also auch von dieser Klage ohne Weiteres zu entbinden.

Auf keinen Fall haften er und Anton Huber dem Kläger Christian Dorn als Gesamtschuldner, und noch weniger ist der Zinsanspruch des Klägers begründet.

Rechtsanwalt List entgegnete:

Ich halte daran fest, daß Irene Huber zu den in Ziffer II, 1 des Erbvertrags vom 1. Januar 1910 berufenen gesetzlichen Erben ihres Großvaters zählt. Eine Ausnahme würde nur zu machen sein, wenn ihr Vater auf sein gesetzliches Erbrecht verzichtet hätte; denn von dem Verzicht auf das gesetzliche Erbrecht ist ausdrücklich bestimmt, daß er auch gegen die Nachkommen des Verzichtenden wirkt. Hätte der Erblasser eine andere Auffassung gehabt, so würde er sicherlich seiner Enkelin Irene in dem Erbvertrage gedacht haben; er würde wie die Ausschließung ihres Vaters auch ihre Ausschließung verfügt haben, wenn er gewollt hätte, daß sie nichts von seinem Rücklaß erhalte.

Auf meiner Berechnung des Erbteils der Klägerin muß ich stehen bleiben. Die Ehegatten Huber lebten freilich in Errungenschaftsgemeinschaft. Allein in ihrem Erbvertrage haben sie — wozu sie zweifellos befugt waren — für ihre Beerbung ihre verschiedenen Gütermassen zu einem einheitlichen Ganzen zusammengeworfen. Über dieses haben sie letztwillig verfügt. Es kommt also gar nicht darauf an, was eingebrachtes Gut oder Vorbehaltsgut eines Ehegatten oder Gesamtgut ist.

Die Erhöhung des Vermächtnisses der Maria Abel ist nicht gültig, denn mit dem Tode der Berta Huber erlosch das Recht ihres Mannes zur Änderung seiner letztwillig

getroffenen Anordnungen. Nur dann, wenn er das ihm von seiner Frau Zugewendete ausgeschlagen haben würde, hätte er dieses Recht erlangen können.

Die Verzinsung der Klageforderungen ist deshalb berechtigt, weil die Beklagten seit dem Tode des Erblassers im Verzuge sind; sie haben von dieser Zeit an ja auch die Nutznießung an dem Rücklasse gehabt. Durch die Versilberung des Nachlasses ist dessen Teilung in das Werk gesetzt worden. Ob die Erben einen Anspruch bestreiten oder nicht, ist für die Frage ihrer samtverbindlichen Haftung gleichgültig, sie würden es sonst in der Hand haben, durch grundlose Bestreitung erhobener Ansprüche sich der Haftung als Gesamtschuldner zu entziehen. Auf das Schärfste muß ich mich gegen die von dem Gegner vertretene Rechtsauffassung wenden, daß Adolf Huber als Vorerbe seiner Frau und Anton Huber als Alleinerbe seines Vaters und als Nacherbe seiner Stiefmutter zu erachten ist. Die Rechtslage ist vielmehr die, daß Frau Huber von ihrem Mann Adolf Huber und dieser von seinem Sohne Anton Huber, seiner Enkelin Irene Huber und dem Neffen seiner Frau, Alfred Bauer, beerbt worden ist. Dafür, daß Frau Berta Huber von ihrem Manne beerbt worden ist, daß also ihr Mann nicht ihr Vorerbe ist, spricht übrigens schon die gesetzliche Vermutung, die für den Fall aufgestellt ist, daß Ehegatten einander zu Erben einsetzen.

Rechtsanwalt Falk machte geltend:

Das Testament der Berta Huber vom 1. Februar 1912 halte ich für ungültig, weil ein Erbvertrag nicht durch ein gewöhnliches Testament aufgehoben werden kann, ein gemeinschaftliches Testament aber in der Verfügung vom 1. Februar 1912 schon mangels Beobachtung der vorgeschriebenen Form nicht vorliegt.

Sollte indessen von dem Gerichte angenommen werden, daß die Verfügung vom 1. Februar 1912 gültig ist, so stütze ich das Klagebegehren auf folgendes von Berta Huber am 1. März 1913 errichtete notarielle Testament:

„Meine zornige Verfügung vom 1. Februar v. Js. widerrufe ich hiermit. Mein Neffe Christian soll seinen Erbteil erhalten.“

Rechtsanwalt Wolf führte hierauf aus:

Die gesetzliche Vermutung, von der Rechtsanwalt List spricht, greift hier schon deshalb nicht Platz, weil an Anton Huber nicht der gesamte beiderseitige Nachlaß der Ehegatten, sondern nur der dritte Teil davon fallen soll. Abgesehen hievon ist diese Vermutung widerlegbar. Nach allgemeiner Rechtslehre greift sie dann nicht Platz, wenn nach dem Tode des zuletzt versterbenden Gatten das vorhandene Vermögen in die ursprünglichen Bestandteile auseinanderfallen soll. Ein weiteres Anzeichen für die Annahme, daß die Ehegatten Huber von der sonst gesetzlich vermuteten Regel abweichen wollten, bildet der Umstand, daß Adolf Huber seinen Sohn Georg ausdrücklich auf den Pflichtteil eingesetzt hat. Ich muß daher darauf beharren, daß Berta Huber von ihrem Mann als Vorerben und von Anton Huber als Nacherben beerbt worden ist.

Adolf Huber war auch nicht gehindert, die Maria Abel nach dem Tode seiner Frau mit einer höheren Summe zu bedenken; denn an diesem Vermächtnisse hatte seine Frau kein Interesse, weil die Vermächtnisnehmerin nur zu Adolf Huber verwandt ist.

Von dem Kläger Christian Dorn wird die Gültigkeit des Testaments vom 1. Februar 1912 mit Unrecht bestritten. Die Aufhebung oder Abänderung eines Erbvertrags von Ehegatten durch ein gemeinschaftliches Testament ist zulässig und das Testament vom 1. Februar 1912 ist ein gemeinschaftliches Testament. Dagegen ist das Testament vom 1. März 1913 ungültig, weil Berta Huber die am 1. Februar 1912 mit ihrem Manne getroffene letztwillige Verfügung nicht einseitig hinter dem Rücken ihres Mannes wieder aufheben konnte. Das hat sie aber getan. Adolf Huber hat von dem Testamente vom 1. März 1913, das ihm wie das Testament vom 1. Februar 1912 gleichzeitig mit dem Erbvertrage vom 1. Januar 1910 eröffnet wurde, erst in dem Eröffnungstermin erfahren und

sofort erklärt, daß ihm dieses Testament bisher nicht bekannt gewesen sei. Aber wenn man auch annehmen würde, daß die Testamente vom 1. Februar 1912 und 1. März 1913 gültig sind, so ist dem Kläger nicht ein Vermächtnis von 70000 ℳ, sondern nur sein Erbteil zugewendet. Der Erbteil des Klägers beträgt aber bedeutend weniger. Als Erbteil ist natürlich nur das zu verstehen, was der Kläger im Falle der gesetzlichen Erbfolge erhalten würde. Die gesetzlichen Erben der Berta Huber sind — außer ihrem Manne — ihre Neffen Christian Dorn und Alfred Bauer und ihre Nichte Helene Emmerich; es sind dies die Kinder dreier schon verstorbener Geschwister der Berta Huber. Berta Huber ist offentlich davon ausgegangen, daß ihr Nachlaß erheblich größer sein werde, als es wirklich der Fall war. Die Ehegatten Huber haben nämlich einen großen Posten Aktien einer Zementfabrik besessen, diese Fabrik ist im Jahre 1912 in Konkurs gekommen und die Aktien sind dadurch wertlos geworden. Selbst wenn indessen der Kläger wirklich 70000 ℳ fordern könnte, lehnt es der Beklagte Alfred Bauer ab, mehr zu zahlen, als der verfügbare Rest des Nachlasses beträgt. Dieser ist durch die Vermächtnisse an den Kläger, an Helene Emmerich und an Anna Fink überschuldet. Es muß daher jedenfalls die Forderung des Klägers, wenn das Gericht der Meinung ist, daß er Anspruch auf das Vermächtnis hat, entsprechend gekürzt werden. Ich mache vorsorglich die Beschränkung der Haftung der beiden Beklagten auf den Nachlaß ausdrücklich geltend. In Beziehung auf das Vermächtnis an Helene Emmerich bemerke ich noch, daß die Bedachte am 1. Mai 1913 verstorben und auf Grund Gesetzes von ihrer Mutter, der Professorswitwe Ida Emmerich in Werden allein beerbt worden ist. Außer den erwähnten Vermächtnissen ist auch das Vermächtnis zu 30000 ℳ zu einem wohltätigen Zwecke zu berücksichtigen.

Rechtsanwalt Falk nahm sodann zu folgenden Ausführungen das Wort:

Das Vermächtnis von 30000 ℳ zu einem wohltätigen Zweck ist ungültig, weil die Ehegatten Huber nach

der unbestrittenen Darstellung, die Adolf Huber bei der Eröffnung des Erbvertrages gab, zwar beabsichtigt hatten, ein solches Vermächtnis anzuordnen, die Absicht aber nicht ausführten. Überdies ist das Vermächtnis zu unbestimmt und der Zweck nicht näher bezeichnet. Das Vermächtnis an Helene Emmerich ist weggefallen, weil diese den Erbfall nicht erlebt hat. Unter dem in dem Testamente vom 1. März 1913 genannten „Erbteile" des Klägers ist das Vermächtnis von 70 000 ℳ verstanden. Denn durch den ersten Satz dieses Testaments ist der Widerruf des Erbvertrags vom 1. Januar 1910, der von Berta Huber in ihrer „zornigen" Verfügung vom 1. Februar 1912 erklärt ist, widerrufen und damit — wenn das Testament vom 1. Februar 1912 gültig sein sollte — der Erbvertrag vom 1. Januar 1910 wieder in Kraft getreten, also auch das dort dem Kläger ausgesetzte Vermächtnis; jedenfalls hat Berta Huber mit ihrer Verfügung diesen Sinn verbunden und nur ungenau für das Wort „Vermächtnis" die Bezeichnung „Erbteil" angewendet. Gleichgültig ist es, ob der Nachlaß der Berta Huber überschuldet ist oder nicht. Die Beklagten haben dadurch, daß sie den Nachlaß geteilt haben, das Recht der Beschränkung ihrer Haftung auf den Nachlaß verwirkt und haften unbeschränkt auch mit ihrem eigenen Vermögen. Übrigens kann das von den Beklagten geforderte Recht der Beschränkung ihrer Haftung auf den Bestand des Nachlasses nicht zu einer Kürzung der Forderung des Klägers durch richterlichen Ausspruch führen, sondern höchstens dazu, daß den Beklagten auf ihren Antrag im Urteile die Geltendmachung der Beschränkung vorbehalten wird.

Rechtsanwalt Wolf erwiderte:

Das Vermächtnis von 30 000 ℳ ist nicht ungültig. Es ist zulässig, daß die Bestimmung der Person des Vermächtnisnehmers dem Beschwerten überlassen wird, wie es im vorliegenden Falle geschehen ist. Ebenso unbegründet ist die Annahme, daß das Vermächtnis der Helene Emmerich weggefallen ist. Helene Emmerich hat den Tod der Berta Huber erlebt und damit ist von ihr das Recht auf

das Vermächtnis erworben worden. Diese Forderung ist im Erbweg auf ihre Mutter übergegangen. Die Beklagten haften für die geltend gemachte Forderung nicht unbeschränkt, weil eine Teilung des Nachlasses, wie ich bereits angeführt habe, gar nicht stattgefunden hat.

Rechtsanwalt List entgegnete:

Schon aus der Art, wie die Klägerin Irene Huber ihren Erbteil berechnet, ergibt sich, daß auch sie das Vermächtnis der 30 000 ℳ für unwirksam hält. Es mag sein, daß die Bestimmung der Person des Vermächtnisnehmers dem Beschwerten überlassen wird. Das wäre hier aber gar nicht der Fall; denn nach der Erklärung des Adolf Huber bei der Eröffnung des Erbvertrags sollte der überlebende Ehegatte das Nähere über die 30 000 ℳ wissen, das heißt, der überlebende Teil sollte die Bestimmung treffen. Adolf Huber hat jedoch eine solche Bestimmung nie getroffen. Abgesehen davon ist er gar nicht der Beschwerte; denn aus dem beiderseitigen Nachlasse soll das Vermächtnis entrichtet werden.

Auf die Frage des Vorsitzenden erklärten die Anwälte, daß sie die tatsächlichen Behauptungen der Gegner, soweit sie in der Verhandlung nicht ausdrücklich bestritten wurden, als richtig anerkennen, und Anträge auf Beweisaufnahme nicht stellen wollen.

Der Vorsitzende schloß sodann die Verhandlung und eröffnete den Beschluß des Gerichts, daß zur Verkündung der Entscheidung Termin auf den 9. Dezember 1913 nachmittags 4 Uhr bestimmt werde.

Die Prüflinge haben die auf Grund der vorstehend geschilderten Verhandlung zu erlassende Entscheidung nach Maßgabe der Zivilprozeßordnung zu entwerfen. Die Entscheidung im Kostenpunkt ist erlassen. In den Entscheidungsgründen sind die sämtlichen in den Parteivorträgen geltend gemachten rechtlichen Gesichtspunkte zu würdigen.

Die Darstellung des Tatbestandes hat zu unterbleiben.

---

1. Aufgabe der zweiten Abteilung.

Arbeitsfrist: 4 Stunden.

Die Eheleute Ludwig und Elvira Lorenzo betreiben in dem bayerischen Städtchen Berghausen, Bezirksamt Talheim, eine Südfrüchtehandlung. Sie und ihr einziger Sohn Karl sind italienische Staatsangehörige und besitzen die vorläufige Heimat in Berghausen. Der Beruf der Eltern bringt es mit sich, daß sie sich oft kürzere oder längere Zeit außerhalb ihres Wohnsitzes aufhalten müssen. So kam es, daß der Sohn Karl sich viel selbst überlassen war und dadurch bald auf Abwege geriet. Er versäumte die Schule, trieb sich mit gleichgesinnten Genossen in Feld und Wald umher, stahl den Bauern Eier und Obst, und seine lebhafte Einbildungskraft zeitigte abenteuerliche Pläne. Als daher im April 1910 — Karl zählte 11 Jahre — eine Seiltänzertruppe nach Berghausen kam, schloß er sich dieser an und verließ heimlich seine Familie. Da er jedoch wenig zu essen, aber Prügel in Menge bekam, trennte er sich schon im Juni in Cöln von der Truppe und streunte zunächst einige Tage bettelnd in der Stadt umher. Am 15. Juni wurde er in dem Augenblicke polizeilich festgenommen, als er einer Frauensperson das Handtäschchen mit Gewalt abnehmen wollte. Wegen seiner Jugend konnte er zwar hierwegen nicht strafrechtlich verfolgt werden, die Polizeibehörde zeigte aber den Fall dem dortigen Vormundschaftsgerichte wegen etwaiger Fürsorgemaßnahmen an. Vorerst mußte der Knabe wegen eines bösartigen Geschwürs im städtischen Krankenhause zu Cöln acht Tage verpflegt werden.

Das Vormundschaftsgericht, das nach den Umständen des Falles und dem Ergebnisse der Erhebungen Gefahr auf Verzug annahm, beschloß nach § 1 Ziff. 2 und § 5 des preußischen Fürsorgeerziehungsgesetzes vom 2. Juli 1900 (s. am Schlusse) die vorläufige Unterbringung des Knaben. Die Polizeibehörde in Cöln verfügte daraufhin die Unterbringung des Karl Lorenzo in der seinem Bekenntnis entsprechenden kathol. Erziehungsanstalt in Bonn.

Nach 14 tägigem Aufenthalt entwich Karl aus der Anstalt. Sein Aufenthalt blieb zunächst unbekannt.

Das Vormundschaftsgericht in Cöln lehnte den Antrag der Polizei auf endgültige Anordnung der Fürsorgeerziehung ab. Der Beschluß wurde rechtskräftig. Die Polizeibehörde wandte sich hierauf mit dem gleichen Ansuchen an das bayerische Amtsgericht Berghausen. Dieses nahm den Antrag in vorschriftsmäßige Behandlung. Eltern, Pfarramt und Schulbehörde befürworteten die Zwangserziehung. Das gleichfalls einvernommene Kreisfiskalat stellte den Antrag, zunächst festzustellen, ob nicht der italienische Staat die Fürsorge für den Knaben übernehme. Denn zur Anordnung der Zwangserziehung über einen Ausländer — so führte das Fiskalat aus — sei ein bayerisches Amtsgericht nur zuständig, wenn die Voraussetzungen gegeben seien, unter denen es nach Art. 23 d. EG. zum BGB. für die Anordnung einer Vormundschaft zuständig sei, da das Amtsgericht nur in seiner Eigenschaft als Vormundschaftsgericht eine Zwangserziehung anordnen könne. An dieser Auffassung möchte um so mehr festgehalten werden, als durch die Rückfrage bei dem Heimatstaat und die Übernahme der Fürsorge durch diesen das Inland entlastet und die Staatskasse vor Kosten bewahrt werde. Das ganze Verfahren komme übrigens in Wegfall, wenn der Knabe aus Bayern ausgewiesen werde.

Das Bezirksamt Talheim sprach sich für die Anordnung der Zwangserziehung aus. Von einer Ausweisung des Karl L o r e n z o könne schon deshalb keine Rede sein, weil es nicht angehe, ihn von seinen Eltern dauernd zu trennen.

Am 15. August 1910 ordnete das Amtsgericht Berghausen an, daß Karl L o r e n z o zur Verhütung seines völligen sittlichen Verderbens in einer geeigneten Familie oder in einer Erziehungs- oder Besserungsanstalt zum Zwecke der Zwangserziehung auf öffentliche Kosten untergebracht werde. In dem Beschluß ist mit Bezug auf den Antrag des Kreisfiskalats ausgeführt: der Art. 23 d. EG. z. BGB. beschränke sich nach seinem maßgebenden Wort-

laut auf die Fälle, in denen über den Ausländer eine Vormundschaft oder Pflegschaft angeordnet werden solle, demnach auf die vormundschaftsgerichtliche Tätigkeit im engeren Sinne. Die Anordnung der Zwangserziehung falle sonach nicht unter Art. 23. Der Hinweis auf finanzielle Vorteile der Staatskasse könne gegenüber dem klaren Wortlaute des Gesetzes nicht in Betracht kommen. Der Beschluß wurde rechtskräftig.

Das Bezirksamt Talheim beschloß sodann am 8. September 1910 entsprechend dem Gutachten des Amtsarztes, daß Karl Lorenzo in der Anstalt des katholischen Jugendfürsorgevereins Talheim unterzubringen sei. Mit dem Anstaltsvorstande schloß das Bezirksamt einen schriftlichen Vertrag ab, in dem u. a. das jährliche Pflegegeld auf 300 ℳ in Vierteljahrsbeträgen vorauszahlbar, festgesetzt wurde. Für Erkrankungsfälle waren keine Bestimmungen getroffen. Am 1. Oktober 1910 wurde der Knabe, der inzwischen aufgegriffen und auf dem Schube nach Berghausen geliefert worden war, in die Anstalt verbracht.

In der Anstalt ergaben sich bei seiner Erziehung alsbald solche Schwierigkeiten, daß er nach achttägigem Aufenthalt in die Heil- und Pflegeanstalt Irrheim, mit der die Erziehungsanstalt für solche Fälle ein Übereinkommen getroffen hatte, zur Beobachtung seines Geisteszustandes verbracht wurde. Dort blieb er 14 Tage. Das fachärztliche Gutachten lautete dahin, daß der Knabe geistig gesund sei. Anzeige von der Aufnahme des Karl Lorenzo hatte die Anstaltsverwaltung Irrheim an Niemand erstattet.

Am 1. November 1910 erkrankte der Zögling an Typhus. Zu seiner ärztlichen Behandlung und Heilung wurde er sofort aus der Erziehungsanstalt in das Distriktskrankenhaus Talheim überführt, wo er bis 1. Januar 1911 verblieb. Von der Aufnahme hatte die Krankenhausverwaltung am 2. November Anzeige an das Bezirksamt Talheim erstattet.

Die Aufhebung der Zwangserziehung oder die vorläufige Entlassung des Knaben aus der Zwangserziehung

war für die Dauer der Verpflegung im Distriktskrankenhaus ebensowenig verfügt worden als für die Dauer des Aufenthalts in Irrheim. —

Im Januar 1911 liefen beim Bezirksamte Talheim folgende Kostenrechnungen ein, deren Ansätze ihrer Höhe nach nicht zu beanstanden sind:

1. Rechnung des Stadtmagistrats Cöln über geleistete Vorschüsse, die sich zusammensetzt aus:
   a. Kosten der 8 tägigen Verpflegung im städtischen Krankenhause Cöln . . . . 20 ℳ,
   b. Kosten der Überführung des Karl L. nach Bonn . . . . 10 ℳ,
   c. Pflegekosten der Erziehungsanstalt Bonn 21 ℳ,
2. Rechnung der Heil- nud Pflegeanstalt Irrheim über 14 tägige Beobachtung . . . . 28 ℳ,
3. Kosten der Heilbehandlung im Distriktskrankenhause Talheim . . . . 120 ℳ.

In dem Begleitschreiben des Stadtmagistrats Cöln war bemerkt: das vom preußischen Amtsgerichte Cöln begonnene und vom bayerischen Amtsgerichte Berghausen beendete Zwangserziehungsverfahren sei in allen Teilen ein einheitliches. Deshalb könne auch über die Frage der Kostentragung nur einheitlich entschieden werden und zwar hinsichtlich der Kosten der vorläufigen Maßnahmen nach den Grundsätzen des Staates, in dem die endgültige Anordnung der Zwangserziehung beschlossen worden sei.

Das Bezirksamt legte die Rechnungen samt den Akten der vorgesetzten Regierung, Kammer des Innern, vor. Die zur Äußerung veranlaßte Regierungsfinanzkammer erhob folgende Beanstandungen:

a. Zunächst kam die Finanzkammer auf die nach ihrer Ansicht zutreffenden Anträge des Fiskalats wegen der Ausländereigenschaft des Karl Lorenzo und seiner Eltern zurück und beantragte deren neuerliche Würdigung. Für die Auslegung des Art. 23 d. EG. durch das Fiskalat spreche auch der enge Zusammenhang der Anordnung

der Zwangserziehung mit der sonstigen vormundschaftsgerichtlichen Tätigkeit (z. B. wenn das Gericht nach § 1666 d. BGB. eingreife). Der Hinweis des Bezirksamts auf die Unzulässigkeit der Trennung des Knaben von seinen Eltern sei hinfällig, weil diese Trennung auch bei der Zwangserziehung eintrete. Endlich müsse im vorliegenden Falle auch berücksichtigt werden, daß die jugendlichen Ausländer von den bayerischen Zwangserziehungsanstalten tunlichst fernzuhalten seien, da diese Anstalten von den Inländern vollauf in Anspruch genommen würden.

b. Zur Übernahme der von der Stadt Cöln berechneten Kosten sei die Staatskasse schon um deswillen nicht verpflichtet, weil die betreffenden Fürsorgemaßnahmen ohne jede Fühlung mit den bayerischen Behörden getroffen worden seien. Diese Fühlungnahme der Polizeibehörde und des Amtsgerichts in Cöln sei in sinngemäßer Anwendung des Art. 23 d. EG. z. BGB. veranlaßt gewesen.

c. Die Kosten des Aufenthalts des Karl Lorenzo in der Heil- und Pflegeanstalt Irrheim und im Distriktskrankenhause seien Kosten der Zwangserziehung und seien mangels eines entsprechenden Vorbehalts im Vertrage aus dem mit der Erziehungsanstalt Talheim ausgemachten Pflegegelde zu bestreiten und nötigenfalls von der Anstalt selbst aufzubringen. Dies um so mehr als die Aufhebung der Zwangserziehung oder die vorläufige Entlassung aus dieser für die Dauer der beiden Zeiträume nicht verfügt worden sei.

Auf Veranlassung der Regierung wurde die Verwaltung der Erziehungsanstalt Talheim über vorstehenden Punkt einvernommen. Sie erklärte, sie wolle zwar nicht bestreiten, daß es sich in beiden Fällen um Zwangserziehungskosten handele. Dagegen sei es nicht angängig, diese Kosten, wie die Finanzkammer wolle, der Anstalt

zur Last zu legen. Denn die durch den Vertrag von der Anstalt übernommene Pflicht zur Verpflegung beziehe sich nur auf die gewöhnliche Verpflegung. Die Kosten für außerordentliche Fälle, wie die hier vorliegenden, müßten auch ohne eigenen Vorbehalt im Vertrage besonders entschädigt werden.

Ferner wurde noch festgestellt, daß über den Leumund der Eheleute nichts Nachteiliges vorliegt, daß sie sich zur Zeit ohne Inanspruchnahme der öffentlichen Armenpflege durchbringen, daß sie aber nach ihren Erwerbs- und Vermögensverhältnissen nicht in der Lage sind, die berechneten Kosten zu bezahlen oder zu ersetzen.

Die Regierung beabsichtigt, die Verhandlungen vorerst dem Staatsministerium des Innern vorzulegen und in dem Begleitberichte alle im Vorstehenden berührten Fragen und das gesamte Vorbringen der Beteiligten eingehend sachlich zu würdigen sowie seine Auffassung über die Art der Entscheidung der vorliegenden Streitpunkte darzulegen.

Der Bericht ist zu entwerfen.

Preußisches Fürsorgeerziehungsgesetz vom 2. Juli 1900.

§ 1.

Ein Minderjähriger, welcher das achtzehnte Lebensjahr noch nicht vollendet hat, kann der Fürsorgeerziehung überwiesen werden:

1. — — — — — —;
2. wenn der Minderjährige eine strafbare Handlung begangen hat, wegen der er in Anbetracht seines jugendlichen Alters strafrechtlich nicht verfolgt werden kann und die Fürsorgeerziehung mit Rücksicht auf die Beschaffenheit der Handlung, die Persönlichkeit der Eltern oder sonstigen Erzieher und die übrigen Lebensverhältnisse zur Verhütung weiterer sittlicher Verwahrlosung des Minderjährigen erforderlich ist;
3. — — — — — —.

§ 5.

Bei Gefahr im Verzuge kann das Vormundschaftsgericht eine vorläufige Unterbringung des Minderjährigen anordnen. Die Polizeibehörde des Aufenthaltsorts hat in diesem Falle für die Unterbringung des Minderjährigen in einer Anstalt oder in einer geeigneten Famile zu sorgen.

Die durch die vorläufige Unterbringung erwachsenen Kosten fallen, sofern die Überweisung zur Fürsorgeerziehung demnächst endgültig angeordnet wird, dem verpflichteten Kommunalverbande (§ 14), andernfalls demjenigen zur Last, welcher die Kosten der örtlichen Polizeiverwaltung zu tragen hat. Die Polizeibehörde hat in allen Fällen die durch die vorläufige Unterbringung entstehenden Kosten vorzuschießen.

Streitigkeiten über die Angemessenheit der dem Erstattungspflichtigen in Rechnung gestellten Vorschüsse der Polizeibehörde entscheidet der Bezirksausschuß im Beschlußverfahren. Der Beschluß des Bezirksausschusses ist endgültig.

§ 14.

Die Provinzialverbände, in der Provinz Hessen-Nassau die Bezirksverbände der Regierungsbezirke Wiesbaden und Cassel, der Lauenburgische Landeskommunalverband, der Landeskommunalverband der Hohenzollernschen Lande sowie der Stadtkreis Berlin sind verpflichtet, die Unterbringung der durch Beschluß des Vormundschaftsgerichts zur Fürsorgeerziehung überwiesenen Minderjährigen in einer den Vorschriften dieses Gesetzes entsprechenden Weise zu bewirken. Sie haben für die Errichtung von Erziehungs- und Besserungsanstalten zu sorgen, soweit es an Gelegenheit fehlt, die Zöglinge in geeigneten Familien, sowie in öffentlichen, kirchlichen oder privaten Anstalten unterzubringen, auch, soweit nötig, für ein angemessenes Unterkommen bei der Beendigung der Fürsorgeerziehung zu sorgen.

Zur Unterbringung verpflichtet ist derjenige Kommunalverband, in dessen Gebiete der Ort liegt, als dessen Vormundschaftsgericht das Gericht Beschluß gefaßt hat.

2. Aufgabe der zweiten Abteilung.

Arbeitsfrist: 4 Stunden.

Mit Allerhöchster Entschließung vom 27. Dezember 1912 wurden die sämtlichen katholischen Kirchengemeinden der rechtsrheinischen unmittelbaren Stadt Zwölfkirchen mit Wirkung vom 1. Januar 1913 ab unbeschadet ihres gesonderten Fortbestandes zum Zwecke der gemeinsamen Befriedigung von Ortskirchenbedürfnissen zu einer Gesamtkirchengemeinde mit allgemeiner Umlagengemeinschaft vereinigt. Im März 1913 wurde die Einverleibung der Gemeinde Forst in die Stadtgemeinde Zwölfkirchen vom 1. Juli 1913 ab genehmigt. Im Anschlusse hieran wurde mit Allerhöchster Entschließung vom 24. April 1913 auch die katholische Pfarrgemeinde Forst unbeschadet ihres gesonderten Fortbestandes unter Einbeziehung in die allgemeine Umlagengemeinschaft gleichfalls mit Wirkung vom 1. Juli 1913 ab mit der katholischen Gesamtkirchengemeinde Zwölfkirchen vereinigt. Für die katholische Pfarrgemeinde Forst war schon im Januar 1913 die Erhebung einer 3%igen Kirchenumlage für das Jahr 1913 zur Verzinsung und Tilgung einer Kirchenbauannuitätenschuld beschlossen und genehmigt worden. Erhoben ist diese Umlage noch nicht. Im August 1913 wurde sodann für die katholische Gesamtkirchengemeinde Zwölfkirchen die Erhebung einer 5%igen Bauumlage für das Jahr 1913 beschlossen und genehmigt. Bei der Bedarfsberechnung für die Gesamtkirchenumlage wurde die von der Pfarrgemeinde Forst am 1. Dezember 1913 zu entrichtende 2. Halbjahrsannuität berücksichtigt. Bei der Herstellung der Kirchenumlagenverzeichnisse ergeben sich nun Zweifel, wie folgende Fälle zu behandeln sind:

1. Der ledige katholische Bezirksamtsassessor Ernst Müller von Neustadt a/S., der dort aus 3500 ℳ Berufseinkommen mit 63 ℳ Einkommensteuer veranlagt war, ist am 1. März 1913 als Rechtsrat mit 6000 ℳ Gehalt in den Dienst der Stadt Zwölfkirchen getreten und hat gleichzeitig in Forst Wohnung genommen.

2. Der ledige katholische Buchhalter Karl Meier in Forst war dort mit 3 ℳ Kapitalrentensteuer und 60 ℳ Einkommensteuer veranlagt. Er hat am 1. Februar 1913 seinen Wohnsitz von Forst nach Zwölfkirchen verlegt und sich am 3. gl. Monats mit der ledigen protestantischen Anna Stolz verheiratet, die in Zwölfkirchen ein Kunststickereigeschäft betrieb. Anna Stolz war in Zwölfkirchen mit 4,80 ℳ Kapitalrentensteuer, 6 ℳ Gewerbesteuer und 54 ℳ Einkommensteuer veranlagt. Am 27. März 1913 hat Anna Meier geb. Stolz ihr Kunststickereigeschäft um 10000 ℳ verkauft. Ihre Kapitalrente erhöhte sich hiedurch von 390 ℳ auf 790 ℳ. Weiteres Einkommen hatte sie nicht mehr. Am 26. Mai 1913 ist Anna Meier gestorben. Ihr Alleinerbe ist Karl Meier. Dessen Kapitalrente erhöht sich durch den Erbanfall von 240 ℳ auf 1000 ℳ, sein Einkommen von 3400 ℳ auf 4160 ℳ. Die Gewerbesteuer für das Kunststickereigeschäft ist mit Wirkung vom 1. April 1913 auf den Käufer des Geschäfts umgeschrieben worden. Im übrigen ist eine Änderung der Steuerveranlagung des Karl Meier und der Anna Stolz bisher nicht erfolgt. Zur Zahlung der Steuern aufgefordert hat Karl Meier beim Rentamte beantragt, daß die Kapitalrenten- und Einkommensteuerveranlagung seiner verstorbenen Ehefrau mit Wirkung vom Tage des Geschäftsverkaufes ihren veränderten Einkommensverhältnissen entsprechend geändert und daß ihre Steuern mit Wirkung von ihrem Todestage an abgeschrieben werden. Die katholische Gesamtkirchenverwaltung Zwölfkirchen hat er gleichzeitig um entsprechende Berücksichtigung der hiernach zu erwartenden Änderungen in der Steuerveranlagung bei Bemessung der Kirchenumlagen gebeten.

3. Der Privatgelehrte Eduard Schmidt in Forst ist dort aus 1300 ℳ eigener Kapitalrente und aus 5700 ℳ Kapitalrente seiner Ehefrau mit 140 ℳ Kapitalrentensteuer und 175,50 ℳ Einkommensteuer veranlagt. Schmidt ist Bayer und Mennonit; seine Frau ist katholisch. Die Ehe der Schmidt'schen Eheleute wurde im Jahre 1904 vor dem Standesamte Zwölfkirchen geschlossen. Einen Ver-

8

trag über die religiöse Erziehung der Kinder hatten die Schmidt'schen Eheleute bis 1913 nicht abgeschlossen. Ihr einziges Kind Irma, das im Jahre 1906 auf einer Reise in die Südsee geboren wurde, ist nicht getauft. Beim Eintritte der Irma Schmidt in die Volksschule in Forst am 2. Mai 1913 reklamierte sie Pfarrer Glenk von Forst unter Berufung auf die Vorschriften des Religionsedikts für den katholischen Religionsunterricht. Sie kam der Aufforderung zum Besuche des katholischen Religionsunterrichts zunächst auch nach. Als aber Pfarrer Glenk verlangte, daß Irma Schmidt auch getauft werde, legten die Schmidt'schen Eheleute am 31. Mai 1913 einen am 27. gl. Mts. verlautbarten notariellen Vertrag vor, nach dem ihre Tochter Irma konfessionslos erzogen werden soll. Im Vertrag ist weiter gesagt: „Unsere Tochter soll sich einmal nach Erreichung der Volljährigkeit völlig frei entscheiden können, welchem Bekenntnisse sie sich anschließen will. Zur Ausbildung des Verständnisses für religiöse Fragen soll sie aber unbeschadet ihrer Konfessionslosigkeit während ihrer Schulzeit protestantischen Religionsunterricht besuchen." Seit 2. Juni 1913 besucht demgemäß Irma Schmidt den protestantischen Religionsunterricht. Pfarrer Glenk hat den Vertrag vom 27. Mai 1913 angefochten mit der Begründung, nach dem Religionsedikte müßten die Kinder aus einer gemischten Ehe in einer bestimmten Religion erzogen werden; konfessionslos dürfen sie nicht erzogen werden. Eine rechtskräftige Entscheidung über die religiöse Erziehung der Irma Schmidt ist noch nicht ergangen.

Der Vorstand der katholischen Gesamtkirchenverwaltung Zwölfkirchen ersucht den Gesamtkirchenverwalter Rechtsanwalt Huber um ein motiviertes Gutachten, wie in den bezeichneten Fällen die Beteiligten zur katholischen Gesamtkirchenumlage und zur Kirchenumlage der katholischen Pfarrgemeinde Forst beizuziehen sind. Das Gutachten ist unter Erörterung aller für die rechtliche Beurteilung in Betracht kommenden Gesichtspunkte auszuarbeiten. Ziffermäßige Berechnung der Umlagen wird nicht gefordert.

3. Aufgabe der zweiten Abteilung.

Arbeitsfrist: 4 Stunden.

Der Schuhmacher Peter Vischer in B. hatte im Juli 1912 am Laden-Schaufenster seines an der Hauptstraße gelegenen Anwesens eine einfache 30 cm hohe und 25 cm breite Preistafel folgenden Inhalts angebracht:

Reparatur-Preise:

Herrenstiefelsohlen und -Absätze . . .	2.70 M,
Herrenstiefelsohlen	2.— M,
Herrenstiefelabsätze	0.70 M,
Damenstiefelsohlen und -Absätze . . .	2.— M,
Damenstiefelsohlen	1.50 M,
Damenstiefelabsätze	0.60 M.

Mit Wirkung vom 1. Januar 1913 ab wurde in B. — einer unmittelbaren Stadt — eine Zwangs-Innung für das Schuhmachergewerbe gegründet, deren Statuten am 2. Januar 1913 die Genehmigung der vorgesetzten K. Regierung, Kammer des Innern, in B. erhielten.

Das Statut enthält u. a. folgende Bestimmungen:

§ 2.

Aufgabe der Innung ist:

1. Die Pflege des Gemeingeistes sowie die Aufrechterhaltung und Stärkung der Standesehre unter den Innungsmitgliedern;
2. usw.

§ 4.

Mitglieder der Innung sind alle diejenigen, welche innerhalb des Stadtbezirkes B. das Schuhmachergewerbe als stehendes Gewerbe selbständig ausüben ohne Unterschied, ob Gesellen oder Lehrlinge beschäftigt werden oder nicht, mit Ausnahme derjenigen, welche das Gewerbe fabrikmäßig betreiben.

Gewerbetreibende, welche neben dem Schuhmacher-Handwerk noch andere Gewerbe betreiben, sind Mitglieder dieser Innung dann, wenn sie das Schuhmacher-Handwerk hauptsächlich betreiben.

§ 10.

Jedes Mitglied ist verpflichtet, zur Förderung der gemeinsamen gewerblichen Interessen nach Maßgabe dieses Statuts mitzuwirken, den Vorschriften des letzteren, den Beschlüssen der Innungsversammlungen und den Anordnungen, welche vom Vorstand und den Ausschüssen der Innung innerhalb ihrer Zuständigkeit getroffen werden, Folge zu leisten. Zuwiderhandlungen gegen die vorbezeichneten Vorschriften, Beschlüsse und Anordnungen werden, soweit sie nicht besonderen Strafbestimmungen unterliegen, vom Innungsvorstande mit Ordnungsstrafen bis zu 20 ℳ geahndet.

§ 59.

Die Aufsicht über die Innung wird von dem Stadtmagistrat B. wahrgenommen. —

Die Innungsversammlung dieser Schuhmacher-Zwangs-Innung hatte unterm 1. Februar 1913 unter Einhaltung der Vorschriften des Innungsstatuts über die Ladung der Mitglieder zu dieser Versammlung und die Beschlußfähigkeit folgendes beschlossen:

1. Die Mindestpreise für die hauptsächlichsten Reparaturen werden wie folgt festgesetzt:

für Herrenstiefelsohlen und -Absätze	genagelt	3.30 ℳ,
für Herrenstiefelsohlen allein	"	2.40 ℳ,
für Herrenstiefelabsätze allein	"	1.— ℳ,
für Damenstiefelsohlen und -Absätze	"	2.30 ℳ,
für Damenstiefelsohlen allein	"	1.70 ℳ,
für Damenstiefelabsätze allein	"	0.70 ℳ.

Genähte Arbeit entsprechend höher.

2. Den Mitgliedern der Innung ist verboten, Preise für gewerbliche Leistungen öffentlich insbesondere durch Inserate in den Zeitungen, Plakate und Geschäftskarten bekannt zu geben, da solches gegen das Ansehen des Berufes und die guten Sitten verstößt. Zuwiderhandlungen werden nach § 10 des Innungsstatuts mit Geldstrafen bis zu 20 ℳ vom Vorstand bestraft.

Dieser Beschluß wurde den sämtlichen Innungsmit-

gliedern nachweislich bekannt gegeben. Zugleich wurden die festgesetzten Mindestpreise in den Tagesblättern veröffentlicht.

Auf Grund dieses Beschlusses verhängte der Innungsvorstand in seiner Sitzung vom 8. März 1913

a) gegen den Schuhmachermeister Peter Vischer in B. eine Ordnungsstrafe von 5 ℳ, weil er das an seinem Ladenfenster angebrachte Preisplakat für Schuhreparaturen trotz nachweislicher Aufforderung des Innungsvorstandes nicht entfernt hat;

b) gegen den Schuhmachermeister Hans Leder in B. eine Ordnungsstrafe von 20 ℳ, weil er trotz Bekanntgabe des Innungsbeschlusses vom 1. Februar 1913 rechts und links von dem Ladenschaufenster seines in der Hauptstraße gelegenen Anwesens 2 schwarze Tafeln in der Größe von 0,80 auf 0,50 m befestigt hat, auf denen in leuchtend roter Druckschrift die im Durchschnitt um 30—50 ₰ unter den von der Innung festgesetzten Mindestpreisen sich bewegende Preise für Schuhreparaturen angepriesen wurden, und weil er außerdem in den sämtlichen in B. erscheinenden Zeitungen seine billigeren Preise unter Zusicherung der Verwendung von nur bestem Leder wiederholt öffentlich bekannt gegeben hat.

In den den beiden genannten Schuhmachermeistern schriftlich zugestellten Strafbescheiden ist außerdem noch angeführt, daß sie sich durch ihre Handlungsweise nicht nur gegen den Innungsbeschluß vom 1. Februar 1913, sondern auch gegen § 2 Ziff. 1 des Statuts und damit gegen die Standesehre verfehlt haben.

Bei Erlassung dieser Strafbescheide wurden die in Betracht kommenden Innungsstatuts-Vorschriften eingehalten.

Gegen diese Strafbescheide erhoben die beiden Meister rechtzeitig Beschwerde zur Aufsichtsbehörde und führten in ihrer Beschwerdebegründung übereinstimmend aus, die ihnen zur Last gelegte Handlungsweise sei zwar richtig, sie seien jedoch zu Unrecht von der Innung gestraft worden. Denn die Innungsversammlung habe bei Fassung des

Beschlusses vom 1. Februar 1913 gegen die Vorschrift des § 100q GewO. verstoßen und ihre durch die §§ 100, 100c, 81a und 81b GewO. begrenzten Befugnisse überschritten; sie könnten nicht zugeben, daß sie die Innung in der Festsetzung der Preise für ihre Waren und gewerblichen Leistungen beschränke, sie hätten ein sehr großes geschäftliches Interesse daran, die Preise für ihre gewerblichen Leistungen dem Publikum bekannt zu geben. Im übrigen verstoße die Veröffentlichung von Preisen oder auch die Ankündigung billiger Preise nicht gegen die gemeinsamen gewerblichen Interessen oder gegen die Standesehre oder den Gemeingeist der Innungsmitglieder. Peter Vischer wies außerdem noch darauf hin, daß der Innungsbeschluß vom 1. Februar 1913 auf ihn schon um deswillen keine Anwendung finden könne, weil er seine Preise schon lange vor Erlaß desselben an seinem Ladenfenster angeschlagen habe und dem Innungsbeschluß rückwirkende Kraft nicht zukomme. Beide Meister beantragten daher die Aufhebung der gegen sie erlassenen Strafbescheide und des gesetzwidrigen Innungsbeschlusses vom 1. Februar 1913.

Die Schuhmacher-Zwangs-Innung in B., von diesen Beschwerden in Kenntnis gesetzt, beantragte die kostenfällige Abweisung derselben. Den gleichen Antrag stellte die zur Sache einvernommene zuständige Handwerkskammer in B. Dieselbe führte hiebei aus, das Recht zur Festsetzung von Mindestpreisen könne man der Schuhmacher-Zwangs-Innung in B. nicht streitig machen, da es zur Förderung des Kalkulationswesens beitrage und daher zu den gesetzlich festgelegten Aufgaben der Innungen gehöre; im übrigen habe die Schuhmacher-Zwangs-Innung ihren Mitgliedern die Einhaltung der festgesetzten Mindestpreise nicht zur Zwangspflicht gemacht, denn dies würde unter Umständen sich mit § 100q GewO. nicht vereinbaren lassen, sondern lediglich die öffentliche reklamenhafte Bekanntgabe niedriger Preise verboten; denn hierin liege ein Verstoß gegen die Pflichten gegenüber der Innung; es sei nicht angängig, daß sich ein einzelnes Innungsmitglied durch

öffentliche Ankündigung von Schleuderpreisen zum Nachteile der übrigen Innungsmitglieder einen größeren Kundenkreis zu verschaffen suche.

In der gleichen Sitzung vom 8. März 1913 verhängte der Innungsvorstand gegen die Schuhmacher Theodor Mayer und Michael Knopf in B. wegen unentschuldigten Ausbleibens in der letzten Innungsversammlung — unter Einhaltung der diesbezüglichen Vorschriften des Innungsstatuts — je eine Geldstrafe von 1 M.

Gegen diesen ihnen ordnungsmäßig zugestellten Strafbescheid erhoben die Genannten rechtzeitig Beschwerde zur Aufsichtsbehörde und beantragten die Aufhebung dieser Ordnungsstrafe sowie auszusprechen, daß sie nicht verpflichtet seien, der Schuhmacher-Zwangs-Innung in B. als Mitglieder anzugehören. Hiezu führte Theodor Mayer aus, daß er die Schuhmacherei nur nebenbei betreibe, sein Hauptbetrieb sei die Landwirtschaft und er sei daher nach § 4 Abs. II des Innungsstatuts nicht innungspflichtig, da nur der Hauptbetrieb dem Innungszwange unterliege. Michael Knopf begründet seinen Antrag damit, daß er kein selbständiger Schuhmacher sei, sondern schon seit sechs Jahren bei dem Schuhmachermeister Jakob Färber in B. als Geselle in Arbeit stehe und nur hie und da auf eigene Rechnung für dritte Personen Schuhmacherarbeiten ausführe; die ersten Innungsversammlungen habe er zwar regelmäßig besucht, jedoch aus Irrtum, da er sich über seine Nichtzugehörigkeit zur Innung im Unklaren war.

In tatsächlicher Beziehung wurde festgestellt:

1. Theodor Mayer betreibt in B. die Landwirtschaft und daneben das Schuhmacherhandwerk selbständig; er ist u. a. auch mit Gewerbesteuer veranlagt. Für die Regel beschäftigt er in der Schuhmacherei keinen Gesellen. Zurzeit hat er einen Lehrling — den Sohn seiner Schwester —, der im 2. Lehrjahre steht und von ihm bei seinem Eintritt vorschriftsmäßig bei der Handwerkskammer angemeldet wurde. Ein auf 3 Jahre Lehrzeit lautender Lehrvertrag liegt vor. Der Kundenkreis des Mayer ist nicht groß; er arbeitet selbst sehr häufig in seinem landwirtschaftlichen Betrieb,

in dem noch 1 Knecht tätig ist. Seine Jahreseinkünfte bestehen zu $^2/_3$ aus den Erträgnissen der Landwirtschaft und zu $^1/_3$ aus denen des Schuhmachergewerbes.

2. Michael Knopf verdient in der Hauptsache seinen Lebensunterhalt durch Lohnarbeit bei dem Schuhmacher Jakob Färber. Daneben führt er in seinen Feierabendstunden Schuhmacherarbeiten — Anfertigung neuer Schuhe und Schuhreparaturen — für fremde Personen auf eigene Rechnung und im eigenen Namen in seiner Wohnung aus. Durch diesen Nebenverdienst verdient er ungefähr $^1/_4$ seines Lebensunterhaltes. Für das erste Halbjahr hat Knopf den Innungsbeitrag bezahlt.

Die Schuhmacher-Zwangs-Innung, von den Beschwerden in Kenntnis gesetzt, stellte den Antrag, dieselben abzuweisen. Sowohl Mayer wie Knopf seien rechtzeitig zur Innungsversammlung geladen gewesen, aber ohne Entschuldigung weggeblieben; ihre Bestrafung sei daher zu Recht erfolgt. Die Anzweiflung ihrer Innungszugehörigkeit sei nur eine Ausrede und daher unbegründet. Die selbständige Ausübung der Schuhmacherei der beiden stehe fest und werde auch von ihnen nicht geleugnet; damit seien aber die vom Statut festgesetzten Voraussetzungen für die Zwangsmitgliedschaft geben. Daß Mayer nebenbei noch die Landwirtschaft betreibe, sei bedeutungslos.

Die zur Sache gehörte zuständige Handwerkskammer hält gleichfalls die Bestrafung der beiden Schuhmacher Mayer und Knopf für gerechtfertigt. Ebenso ist sie der Ansicht, daß Mayer innungspflichtig sei; auf die Höhe des Verdienstes aus dem Schuhmachergewerbe komme es nicht an, schon die tatsächliche Ausübung des Schuhmachergewerbes genüge zur Begründung der Innungszugehörigkeit; zudem halte Mayer einen Lehrling und habe mit demselben einen ordnungsmäßigen Lehrvertrag abgeschlossen. Seine Verwandtschaft mit demselben sei im vorliegenden Falle ohne jeden Belang. Auch Knopf müsse als innungspflichtig angesehen werden; denn tatsächlich stehe fest, daß er für fremde Personen Schuhmacherarbeiten gewerbsmäßig auf eigene Rechnung und im

eigenen Namen ausführe, er habe in seiner Wohnung eine förmliche Werkstätte, beschaffe sich die Roh- und Hilfsstoffe selbst und benehme sich wie ein selbständiger Handwerker; in welchem Umfange er das Schuhmacherhandwerk selbständig ausübe und wie hoch sich sein Verdienst hieraus belaufe, könne keinen Einfluß auf die Frage der Innungszugehörigkeit ausüben; denn als selbständiger Gewerbetreibender im Sinne des § 100 f GewO. sei jeder zu betrachten, der eine gewerbliche Tätigkeit auf eigene Rechnung und unter eigener Verantwortung ausübe. Diese Voraussetzungen treffen aber auf Michael Knopf zu. Im übrigen habe derselbe seine Innungszugehörigkeit durch Bezahlung des Innungsbeitrages für das 1. Halbjahr 1913 anerkannt.

Aufgabe:

1. Der von der Aufsichtsbehörde zu erlassende Beschluß ist zu entwerfen und unter Würdigung des Vorbringens der Beteiligten sowie unter Anführung der maßgebenden gesetzlichen Bestimmungen zu begründen.

Als Tatbestand gilt die Aufgabe. Seine Darstellung ist deshalb erlassen.

2. Welche Rechtsmittel sind gegen diesen Beschluß der Aufsichtsbehörde zulässig, in welcher Frist sind diese einzulegen, welche Behörden sind zur weiteren Entscheidung berufen und in welchem Verfahren? Die betreffenden Gesetzesstellen sind anzuführen.

---

4. Aufgabe der zweiten Abteilung.

Arbeitsfrist: 4 Stunden.

Der im Eigentum der Simultankirchenstiftung A stehende Friedhof in A mit einer Fläche von 900 qm dient schon seit unvordenklichen Zeiten den katholischen und protestantischen Bewohnern der politischen Gemeinden A, B, C, Bezirksamts X, und der politischen Gemeinde D,

Bezirksamts Y — sämtliche im Regierungsbezirke O — als einziger und gemeinsamer Begräbnisort. Irgendwelche vertragliche Bestimmungen über diese Friedhofbenützung, oder irgendwelche Anhaltspunkte dafür, daß die gemeinsame Benützung des Friedhofs auf dem Pfarrverband oder auf einem sonstigen kirchlichen Verbande beruhe, sind nicht vorhanden.

Der Friedhof ist infolge der langen Benützung hinsichtlich seiner Bodenbeschaffenheit für Beerdigungen ungeeignet und außerdem auch räumlich unzureichend geworden, da die Bevölkerung durch Neugründung von Fabriken in den letzten Jahren eine beträchtliche Steigerung erfahren hat. Nach amtsärztlichem Gutachten muß ein neuer Friedhof errichtet werden, nachdem auch mangels verfügbaren Platzes eine Erweiterung des alten Friedhofs nicht in Betracht kommen kann.

Mehrjährige Verhandlungen hatten zu Beginn des Jahres 1913 nahezu zu einer Verständigung darüber geführt, daß statt des jetzigen Friedhofes eine neue Begräbnisstätte auf einem unweit des Ortes A gelegenen Grundstücke Pl.-Nr. 333 der Steuergemeinde A zu 0,18 ha von den 4 Gemeinden errichtet werden sollte. Die Simultankirchenstiftung A, der die bauliche Unterhaltung des bisherigen Friedhofs obliegt, sollte zu den Herstellungskosten des neuen Friedhofs einen einmaligen Zuschuß von 1000 ℳ leisten. Die durch das K. Bezirksamt X gepflogenen Verhandlungen scheiterten aber schließlich daran, daß die Katholiken (insgesamt 1590) eine konfessionelle Abteilung des neuen Friedhofes verlangten, während die Protestanten (insgesamt 795) eine Gebrauchsgemeinschaft hinsichtlich der gesamten Friedhoffläche forderten.

Da infolge dieser verschiedenen Bestrebungen eine Einigung nicht erzielt werden konnte, und auch die Simultankirchenverwaltung A nunmehr jegliche Leistung für einen neuen Friedhof ablehnte, beschlossen die beteiligten Gemeinden mit einstimmig gefaßten Ausschußbeschlüssen Ende Januar 1913, von einer Änderung in den Friedhofverhältnissen bis auf weiteres überhaupt abzusehen.

Das K. Bezirksamt X forderte nun am 10. Februar 1913 die Gemeinden A, B, C, D im Hinblick auf den derzeitigen unhaltbaren Zustand des Friedhofs in einer den gesetzlichen Vorschriften entsprechenden Weise auf, spätestens binnen 3 Wochen die erforderlichen Beschlüsse zwecks Erfüllung der ihnen gesetzlich obliegenden Verpflichtungen zu fassen, widrigenfalls von Staatsaufsichts wegen das Nötige verfügt würde. Die Gemeindeausschüsse von A, B und C faßten jedoch unterm 15. Februar 1913 übereinstimmende Beschlüsse dahin, daß sie von der Neuerrichtung eines Friedhofs Umgang nehmen wollten. Beschlußfassungen der Gemeindeversammlungen fanden nicht statt. Auch war zu der Beschlußfassung des Gemeindeausschusses B der Fabrikbesitzer Kaufmann in B, der von den direkten Steuern dieser Gemeinde mehr als ein Drittel zahlt, nicht eingeladen und nicht erschienen. Die Gemeinde D hat auf die bezirksamtliche Aufforderung hin überhaupt keinen Beschluß gefaßt.

Das K. Bezirksamt X ließ nun zunächst noch durch den Bezirksbaumeister ein Projekt für eine neue Friedhofanlage ausarbeiten. Dieses Projekt, das am 15. März 1913 fertiggestellt wurde, sah die Errichtung des neuen Friedhofs auf dem bereits erwähnten, im Eigentume der Gemeinde A stehenden und mit der Distriktsstraße von A nach B durch einen gemeindlichen Feldweg verbundenen Grundstücke Pl.-Nr. 333, weiter die ordentliche Herstellung dieses Wegs (Pl.-Nr. 331) und den Bau eines Leichenhauses auf dem Friedhofe vor. Der Kostenanschlag bezifferte sich für den Friedhof einschließlich des Grundstückwertes auf 7000 ℳ, für das Leichenhaus auf 4000 ℳ und für die Instandsetzung des genannten Zufahrtweges auf 1000 ℳ.

Unterm 15. April 1913 erließ sodann das K. Bezirksamt X folgenden Beschluß:

I. Die Gemeinden A, B, C und D sind verpflichtet, nach Maßgabe des Projekts vom 15. März 1913 einen gemeinsamen gemeindlichen Friedhof nebst Zufahrtsweg sowie ein Leichenhaus herzustellen.

II. Die Deckung des Aufwands für die Durchführung des Projekts hat in der Weise zu geschehen, daß die beiden Gemeinden A und B je $^3/_8$, die beiden Gemeinden C und D je $^1/_8$ der Kosten aufzubringen haben.

III. Die Kosten des Verfahrens fallen zu je $^3/_8$ den Gemeinden A und B, zu je $^1/_8$ den Gemeinden C und D zur Last.

IV. Eine Beschlußgebühr bleibt außer Ansatz.

In den Gründen des Beschlusses war im wesentlichen ausgeführt, daß die Neuerrichtung eines Friedhofs aus gesundheitspolizeilichen Gründen unbedingt geboten, daß die Instandsetzung des in mangelhaftem Zustande befindlichen Zufahrtsweges erforderlich, und daß auch der Bau eines Leichenhauses mit Rücksicht auf künftige Epidemien und auf die meist ungünstigen Wohnungsverhältnisse der industriellen Bevölkerung nicht zu umgehen sei; außerdem stelle sich das Leichenhaus nur als eine notwendige Zubehör eines zeitgemäßen Friedhofs dar. Die Deckung des Aufwandes habe nach der Seelenzahl der beteiligten Gemeinden zu erfolgen. Die Gemeinde A zähle 890, B 910, C 295 und D 305 Seelen. Die Leistungsfähigkeit sämtlicher Beteiligter sei gegeben. Die Gemeinde A habe ein Steuersoll von 3600 ℳ, die Gemeinde B von 4200 ℳ, die Gemeinde C von 1800 ℳ und die Gemeinde D von 1200 ℳ. Die Umlagenbelastung betrage jetzt und seit einer Reihe von Jahren in keiner der — außerdem schuldenfreien — Gemeinden mehr als 80%. Durch die Aufnahme eines Darlehens mit längerer Tilgungszeit könne die Bestreitung des Aufwandes erleichtert werden, so daß nur eine mäßige Umlagenerhöhung erfolgen müsse.

Je eine Ausfertigung des bezirksamtlichen Beschlusses wurde am 20. April 1913 (Sonntag) der Gemeinde A, am 21. April 1913 der Gemeinde B und am 22. April 1913 den Gemeinden C und D mit Postzustellungsurkunden zugestellt. In A erfolgte die Zustellung in Abwesenheit des Bürgermeisters an den im Amtslokale anwesenden und zur Empfangnahme der Zustellung bevollmächtigten Gemeindeschreiber, in B gleichfalls in Abwesenheit des Bür-

germeisters und mangels eines Amtslokals an die Ehefrau des Bürgermeisters in dessen Privatwohnung, in C und D an die Bürgermeister selbst. Auch der Simultankirchenverwaltung A wurde am 22. April 1913 eine Beschlußausfertigung zugestellt.

Am 5. Mai 1913 nachmittags 5 Uhr gelangte in den Einlauf des K. Bezirksamtes X folgendes Telegramm: „In hiesiger Friedhofsache lege Beschwerde ein. Begründung folgt. Bürgermeister Müller von A". Am 10. gleichen Monates folgte dann Abschrift eines Beschlusses des Gemeindeausschusses von A vom 8. Mai. In dem Beschlusse war ausgeführt, daß gegen die bezirksamtliche Entscheidung vom 15. April 1913 Beschwerde erhoben, bzw. die bereits von dem Bürgermeister Müller eingelegte Beschwerde genehmigt werde. Diese Entscheidung gehe fehl, weil eine Notwendigkeit zur Errichtung eines neuen Friedhofs nicht bestehe; wenn man die bisherige Umtriebszeit von 10 Jahren auf 5 verkürze und den Gräbern für Erwachsene, die bisher 2,50 m Länge (einschließlich des Zwischenweges) und 1,80 m Breite gehabt hätten, künftig nur eine Länge von 1,80 m und eine Breite von 0,85 m gebe, so sei der bisherige Friedhof noch auf mehrere Jahre hinaus genügend. Zum Bau eines Leichenhauses bestehe für die Gemeinde überhaupt keine Verpflichtung. Es werde daher der Antrag gestellt, den bezirksamtlichen Beschluß vollständig aufzuheben.

Am 12. Mai 1913 liefen beim K. Bezirksamte X auch Beschlüsse der Gemeindeausschüsse B und C vom 10. Mai 1913 ein, worin ebenfalls gegen die bezirksamtliche Entscheidung Beschwerde erhoben wurde. In dem Beschlusse des Gemeindeausschusses B, der wiederum ohne Beiziehung des Fabrikbesitzers Kaufmann gefaßt war, wurde ausgeführt, daß ein staatsaufsichtlicher Zwang gegen mehrere politische Gemeinden zur Errichtung eines gemeinsamen Friedhofs überhaupt nicht ausgeübt werden dürfe; der bestehende Friedhofverband sei keine Einrichtung, die ohne weiteres zur Herstellung eines gemeinsamen Friedhofs für die vier Gemeinden angehalten werden könne.

Darauf ziele aber der bezirksamtliche Beschluß vom 15. April 1913 ab, da er die vier beteiligten Gemeinden zusammen für verpflichtet erkläre einen gemeinsamen neuen Friedhof zu errichten. Für die Aufwandsverteilung dürfe keinesfalls die Seelenzahl zugrunde gelegt werden. Die Herstellung des Weges (Pl.-Nr. 331 der Steuergemeinde A) von der Distriktsstraße A—B zum neuen Friedhofe obliege allein der Gemeinde A, in deren Bezirk Weg und Friedhof gelegen seien. Die Gemeinde C betonte, daß den politischen Gemeinden nur die Unterhaltung, nicht auch die Neuherstellung von Friedhöfen obliege. In gleicher Weise verhalte es sich mit den Gemeindewegen. Überhaupt müsse bemerkt werden, daß im gegenwärtigen Zeitpunkte noch kein bestimmtes Projekt zur Durchführung vorgeschrieben werden könne.

Die Gemeinde D legte eine Beschwerde nicht ein, dagegen richteten noch 2 Angrenzer des für den Friedhof ausersehenen Grundstückes, die Gütler Huber und Meier in A am 15. Mai 1913 eine Beschwerdeeingabe an das K. Bezirksamt X, in der sie um Aufhebung des bezirksamtlichen Beschlusses baten, weil durch die Errichtung eines Friedhofes auf Pl.-Nr. 333 ihre anliegenden Grundstücke, die bei der Weiterentwicklung der Gemeinde A als Bauplätze in Betracht kämen, entwertet würden und weil ferner die Neuerrichtung des Friedhofs in der Nähe ihrer Anwesen (etwa 200 m Entfernung) für ihre Familien gesundheitliche Schädigungen verursachen würde; außerdem bringe die Ausführung des Friedhofprojekts für sie selbst eine Umlagenerhöhung mit sich, die von ihnen als Ortseingesessenen um so unangenehmer empfunden werde, als die sog. Forensen zur Umlagenzahlung für dieses Projekt nicht herangezogen werden könnten.

Das K. Bezirksamt X ließ Abschriften der sämtlichen Eingaben den in Betracht kommenden Personen und Gemeinden zur Interessenwahrung zustellen. Eine Erwiderung gelangte nur von der Gemeinde D in den bezirksamtlichen Einlauf. Diese führte aus, daß sie eine Beschwerde gegen den Beschluß des K. Bezirksamtes X deshalb nicht

eingelegt habe, weil dieser Beschluß, soweit er sich auf die Gemeinde beziehe, überhaupt nichtig sei. Zu einem staatsaufsichtlichen Verfahren gegen eine Gemeinde, die außerhalb des Bezirksamtes X gelegen sei, könne dieses Bezirksamt nicht als zuständig erachtet werden; eine Zuständigkeit auf Grund eines Sachzusammenhangs sei nicht gegeben. Die K. Regierung werde die Unzuständigkeit des Bezirksamts X von Amts wegen auch ohne Beschwerde zu berücksichtigen haben, da eine durch eine unzuständige Behörde erlassene Entscheidung nicht der Rechtskraft fähig sei. Durch das Wegfallen der Verpflichtung der Gemeinde D würden die 3 beschwerdeführenden Gemeinden allerdings ungünstiger gestellt als dies bei der erstinstanziellen Entscheidung der Fall sei; dies dürfe aber für die K. Regierung kein Hindernis sein, zugunsten der Gemeinde D zu entscheiden.

Nachdem das K. Bezirksamt X noch festgestellt hatte, daß für 1912 die Steueransatzsumme der Gemeinde A 6000 ℳ, der Gemeinde B 8000 ℳ, der Gemeinde C 3000 ℳ und der Gemeinde D 2000 ℳ betrage, legte es am 15. Juni 1913 die Verhandlungen der K. Regierung von O vor. Diese pflog noch Erhebungen, wodurch die Richtigkeit sämtlicher von der ersten Instanz in tatsächlicher Hinsicht gemachten Angaben erwiesen wurden. Es wurde noch obertechnisches und oberärztliches Gutachten dahin abgegeben, daß der bisherige Friedhof selbst auf kürzere Zeit nicht mehr den Bedürfnissen genüge, auch wenn Umtriebszeit und Gräbergröße in zulässiger Weise verringert würden, daß ferner das vom Bezirksbaumeister ausgearbeitete Projekt für Friedhof, Zufahrtsweg und Leichenhaus an sich die entsprechendste und billigste Lösung der Friedhoffrage für die 4 Gemeinden A, B, C und D darstelle, und daß schließlich von einer gesundheitlichen Schädigung der Bewohner der Anwesen von Huber und Meier nicht die Rede sein könne.

Unter erschöpfender Würdigung sämtlicher Behauptungen vorstehend genannter Gemeinden und Personen

ist Entscheidung der K. Regierung zu entwerfen und in formeller und sachlicher Hinsicht zu begründen. Am Schlusse ist Beschwerdebelehrung beizufügen, Ausarbeitung eines Tatbestandes ist erlassen.

Die Kandidaten der Pfalz haben die in der Pfalz geltenden gesetzlichen Bestimmungen anzuwenden. Statt „Gemeindeausschuß" ist „Gemeinderat" zu setzen.

---

5. Aufgabe der zweiten Abteilung.

Arbeitsfrist: 4 Stunden.

Der Droschkenbesitzer Josef Eilig in Nürnberg beabsichtigt den Pferdefuhrwerksbetrieb aufzugeben und am 1. Januar 1914 den gewerbsmäßigen Fuhrbetrieb mit Kraftwagen zu beginnen. Insbesondere will er auch Mietfahrten nach Württemberg und Baden sowie in die Schweiz und nach Österreich machen.

Er will 2 Kraftwagen für den Personenverkehr und einen Lastkraftwagen mit Anhängewagen benützen.

Den einen Personenkraftwagen, ein Fahrzeug mit elektrischem Antrieb, hat er am 1. November 1913 in Stuttgart gekauft. Der Wagen wurde dort im Jahre 1912 zum öffentlichen Verkehre zugelassen. Er befindet sich in einem tadellosen Zustande, weil ihn der Vorbesitzer wegen eines Unfalls, den er damit erlitten hat, seit 1. Januar 1913 nicht mehr benützt. Der Vorbesitzer hat hievon die zuständigen Behörden sofort verständigt.

Als zweiten Personenkraftwagen hat Josef Eilig einen Benzinwagen am 2. November 1913 von einem Kraftwagenhändler in Nürnberg gekauft. Der Händler hat die Zulassung zum öffentlichen Verkehre bereits erwirkt und die behördlichen Urkunden hierüber dem Josef Eilig behändigt. Dieser hat den Wagen aber, noch ehe er ihn benützt hat, bei dem gleichen Händler gegen einen eben aus der Fabrik gekommenen mit einem stärkeren Motor vertauscht. Der Händler hat ihm dabei eine ordnungs-

mäßige Ausfertigung der Typenbescheinigung für den neuen Wagen übergeben und die Erlaubniskarte für den zuerst gekauften Wagen belassen.

Die beiden Wagen haben je ein betriebsfertiges Eigengewicht von weniger als 2,5 t. Der Elektromotor leistet 10 Pferdestärken, der Benzinmotor 24.

Für den Lastenverkehr hat Josef Eilig einen Kraftwagen mit 9,5 t Gesamtgewicht und einen Anhängewagen mit Eisenbereifung gekauft. Diese Wagen sind behördlich noch nicht geprüft worden.

Als Führer für den ersten Personenkraftwagen will Josef Eilig den Xaver Rumpler annehmen. Dieser ist seit 1. März 1911 Motorwagenführer bei der K. B. Postverwaltung und führt dort einen Kraftwagen mit einer Verbrennungsmaschine und einem betriebsfertigen Eigengewicht von mehr als 2,5 t. Am 1. Januar 1914 wird er aus dieser Beschäftigung austreten. Bei seinem Eintritt in diese Beschäftigung war Rumpler im Besitz eines auf Grund bayer. landesrechtlicher Vorschriften erteilten Zeugnisses zum Führen von Kraftfahrzeugen.

Den zweiten Personenkraftwagen will Josef Eilig einem Franz Schneidig anvertrauen. Schneidig hatte als Unteroffizier die Erlaubnis zum Führen eines Benzinwagens mit einem Eigengewicht von 2,5 t und 18 Pferdestärken. Er mußte am 2. November 1913 aus dem Militärdienst entlassen werden, weil durch einen Unfall sein linkes Fußgelenk fast steif geworden ist.

Der Lastkraftwagen soll von dem österreichischen Staatsangehörigen August Fesch geführt werden. Fesch war Kraftwagenführer eines österr. Grafen in Wien. Während seiner ersten Fahrt von Oberösterreich nach Bayern begegnete ihm das Mißgeschick einen entgegenkommenden Milchwagen schwer zu beschädigen, weil er, noch befangen in den österreichischen Vorschriften, statt rechts links ausweichen wollte. Das Bezirksamt V. hat ihm deshalb die Führung des Fahrzeugs untersagt. Fesch hat jedoch Beschwerde zur K. Regierung von Niederbayern eingelegt und ist der sicheren Hoffnung, daß, wenn nicht da, so

10

doch vom K. Verwaltungsgerichtshofe die Untersagung für ungerechtfertigt erklärt wird.

Die Führer sollen sich gegenseitig vertreten.

Die Kraftwagen will Josef Eilig, bis er eine vorschriftsmäßige Einstellhalle herstellen kann, in seiner Scheune unterbringen, die wegen Aufgabe des Pferdefuhrwerksbetriebs sonst nicht mehr benützt wird. Die Scheune soll von außen mit Azetylenbeleuchtung versehen werden. Für die Unterbringung des ortsfesten Azetylenapparates will Josef Eilig, da die Zeit drängt, einen einfachen Schupfen mit Blechdach, etwa 3 m von der Scheune und 20 m von dem nächsten Wohngebäude entfernt, errichten. Das notwendige Karbid und das für seinen Betrieb erforderliche Benzin, etwa 1000 kg (in Fässern), soll im Apparatenraume, oder wenn dies unzulässig sein sollte, in dem gleichen Schupfen aber vom Apparatenraume durch eine Mauer aus Fachwerk getrennt, aufbewahrt werden.

Josef Eilig bittet den Stadtmagistrat Nürnberg um Auskunft, ob und welche Anzeigen, behördliche Genehmigungen oder Ausweise für sein Vorhaben erforderlich sind, welche Voraussetzungen hiefür bei der von ihm geschilderten Sachlage bereits erfüllt oder noch zu erfüllen sind und welche Auflagen er zur Verwirklichung seiner Absichten zu gewärtigen hat.

Diese Auskunft ist unter Anführung der einschlägigen Bestimmungen zu erteilen. Dabei sind die einzelnen Angaben des Josef Eilig zu würdigen.

---

6. Aufgabe der zweiten Abteilung.

Arbeitsfrist: 4 Stunden.

Der damals vierzigjährige Schmiedgeselle Andreas Kastner verlor durch einen Betriebsunfall am 4. Januar 1902 das linke Auge. Er erhielt von der Schmiedeberufsgenossenschaft die gesetzliche Entschädigung unter Annahme eines Jahresarbeitsverdienstes von 1200 ℳ und einer $33^1/_3$ %igen Erwerbsbeschränktheit.

Nach dem Unfalle kehrte er zu seinen Eltern zurück, die in U. Bezirksamts Z. eine kleine Landwirtschaft betrieben. Hier suchte er am 20. Dezember 1903 um Gewährung der Invalidenrente nach, weil er durch den Verlust des Auges sowie durch ein rheumatisches und ein Herzleiden invalide geworden war; in den Jahren 1891 bis 1903 waren 405 Marken 2. Lohnklasse und 56 Marken der dritten entrichtet worden. Am 22. März 1904 wurde auch die Rente mit Beginn vom 1. Dezember 1903 ab bewilligt.

Am 2. September 1904 erlitt nun A. Kastner im Betriebe seiner Eltern einen neuen Unfall, der das rechte Auge verletzte. Die landwirtschaftliche Berufsgenossenschaft gewährte die Unfallrente. Dabei wurde angenommen, daß K. vor dem 2. Unfalle noch zu zwei Dritteln erwerbsfähig war und daß die durch den 2. Unfall hervorgerufene Beeinträchtigung der noch vorhanden gewesenen Erwerbsfähigkeit mit 40% zu bewerten sei; der Jahresarbeitsverdienst, den landwirtschaftliche Arbeiter in U. durchschnittlich erzielen, war auf 600 ℳ festgesetzt.

Der Zustand des rechten Auges verschlimmerte sich allmählich, so daß K. seit einiger Zeit vollständig blind ist; seit 1. August 1910 erhält er denn auch von der landwirtschaftlichen Berufsgenossenschaft die Vollrente und seit 1. Januar 1913 die Hilflosenrente im Höchstbetrage. Dagegen besserten sich das rheumatische und das Herzleiden derart, daß die Ärzte erklärten, die Invalidität des Klägers werde seit Mai 1910 lediglich durch die Folgen der beiden Unfälle hervorgerufen.

Die Landesversicherungsanstalt, welche diese Tatsachen jetzt erfuhr, beabsichtigt nunmehr die Zahlung der Invalidenrente einzustellen und zugleich von den Berufsgenossenschaften als Ersatz der seit März 1904 bezahlten Rentenbeträge die von jetzt ab fälligen Beträge der Unfallrenten zu beanspruchen. K. widerspricht.

Der Anspruch der Versicherungsanstalt ist sowohl in materieller als auch in formeller Beziehung (Verfahren usw.) eingehend zu würdigen.

7. Aufgabe der zweiten Abteilung.

Arbeitsfrist: 4 Stunden.

Rationelle Waldwirtschaft erfordert stets ein gewisses Mindestmaß von Bodenfläche, da gerade bei diesem Zweige der Urproduktion die Nachteile der Parzellen- und Zwergwirtschaft handgreiflich in die Erscheinung treten.

Dem Zwecke einheitlicher Bewirtschaftung der Wälder in Form von Körperschaftswaldungen dienen die Waldbaugenossenschaften, die im wesentlichen in zwei Arten auftreten:

1. Eigentumsgenossenschaften, bei denen der Wald Eigentum der Genossenschaft (oder auch gemeinschaftliches Eigentum der Genossenschaftsmitglieder) ist und als unteilbares Ganzes planmäßig bewirtschaftet und verwaltet wird; die Genossenschaft erwirbt als Selbstkontrahentin die von ihren Mitgliedern eingeworfenen Waldgrundstücke gegen Hingabe von Anteilscheinen oder Schuldverschreibungen zu Eigentum.

2. Wirtschaftsgenossenschaften, bei denen jedes Genossenschaftsmitglied im dauernden Sondereigentum seiner Waldfläche bleibt und nur die Bewirtschaftung im ganzen oder zum Teile gemeinschaftlich ist.

I.

1. Welche Vorteile und Nachteile haben diese beiden Genossenschaftsformen in volkswirtschaftlicher und privatwirtschaftlicher Beziehung aufzuweisen?

2. Welche landesrechtlichen Vorschriften bestehen über sie?

3. Auf welche Weise können nach geltendem Rechte die bezeichneten Genossenschaften Rechtsfähigkeit erlangen?

II.

Vorbedingung für ein gedeihliches Wirken der Wirtschaftsgenossenschaften im besonderen ist die dauernde Bindung des eingelegten Besitzes. Aus welchen Gründen?

Ist eine dauernde Bindung nach dem gegenwärtigen Stande der Reichs- und Landesgesetzgebung durchführbar?

III.

Erfreuen sich die Waldbaugenossenschaften steuerlicher Vergünstigungen in Bayern? Wenn ja, welcher?

---

8. Aufgabe der zweiten Abteilung.

Arbeitsfrist: 4 Stunden.

Die praktischen Ärzte Dr. Wassermann und dessen Schwager Dr. Salzer, beide mit ihren Familien protestantisch, ersterer sächsischer, letzterer preußischer Staatsangehöriger, wohnen beide in Leipzig, woselbst sie standesgemäß eingerichtete Familienwohnungen ständig innehaben. Sie üben in Leipzig privatärztliche Praxis aus und sind dortselbst für ihre Einkünfte aus dieser Praxis und für ihre Einkünfte aus Kapitalien zu Staats- und Gemeindesteuern veranlagt, und zwar Dr. Wassermann aus

8000 ℳ Berufseinkünften und
5000 ℳ Kapitaleinkünften,

Dr. Salzer aus

10000 ℳ Berufseinkünften und
6000 ℳ Kapitaleinkünften.

Beide besitzen zu gleichen Anteilen ein Anwesen in Reichenhall, k. Rentamts Berchtesgaden, bestehend

a) aus einer massiv gebauten Villa, die zu ebener Erde und im ersten Stock je eine ständig möblierte Familienwohnung mit 5 Zimmern und Zubehör usw. enthält,
b) aus einem Sanatorium mit 40 möblierten Fremdenzimmern, Speisesaal, Inhalationsraum, Wirtschaftsräumen, Dienstbotenkammern usw.,
c) aus einem ausschließlich zur Benützung für die Kurgäste bestimmten Park.

Das ganze Anwesen ist im Grundsteuerkataster mit 2 Tagwerk 50 Dezimalen und 27 Grundsteuerverhältniszahlen vorgetragen. Der Mietertrag der Villa ist mit

1200 ℳ, der Mietertrag des Sanatoriums mit 7000 ℳ — nach Abzug der im § 4 Abs. II des Haussteuergesetzes aufgeführten Ausgaben — zur Mietsteuer eingeschätzt.

Das Sanatorium wird jedes Jahr am 1. Mai eröffnet und am 30. September geschlossen. Während dieser Zeit wohnen Dr. Wassermann und Dr. Salzer mit ihren Familien in der Reichenhaller Villa; sie selbst leiten gemeinsam den Betrieb des Sanatoriums und beaufsichtigen die Anwendung der Kurmittel; daneben aber übernehmen sie auch die ärztliche Behandlung der Kurgäste, soweit eine solche notwendig ist oder besonders gewünscht wird.

Das dem Betriebe des Sanatoriums gewidmete Betriebskapital beträgt rund 280000 ℳ, wovon 200000 ℳ auf den dem Betriebe dienenden Grund- und Hausbesitz entfallen.

Die Roheinnahmen aus dem ganzen Betriebe betragen während der Saison 60000 ℳ, wozu noch 4000 ℳ ärztliche Deserviten kommen. Sämtliche Betriebsausgaben einschließlich aller Abschreibungen belaufen sich auf 36000 ℳ. Die nicht schon bei der Mieteinschätzung in Abrechnung gebrachten Ausgaben für Instandhaltung der Villa und die Abschreibung von dieser werden auf 200 ℳ angegeben.

An sämtlichen in Reichenhall erzielten Einkünften und Erträgen haben Dr. Wassermann und Dr. Salzer je zur Hälfte Anteil.

Fragen:

1. Mit welchen Staats-Steuerbeträgen sind Dr. Wassermann und Dr. Salzer in Bayern zu veranlagen?
2. Mit welchen Staats-Steuerbeträgen sind sie in Bayern vormerkungsweise zu veranlagen?
3. Aus welchen Steueransätzen haben sie in Bayern
   a) Kirchensteuern,
   b) Kreisumlagen,
   c) Gemeindeumlagen

   zu entrichten?

4. Auf wieviele Monate des Jahres erstreckt sich die Steuer- und Umlagenpflicht in Bayern?
5. Welche Rechtsmittel stehen ihnen gegen die Veranlagung oder vormerkungsweise Veranlagung zu den Staatssteuern und die Heranziehung zu den Kirchensteuern, Kreisumlagen und Gemeindeumlagen in Bayern zu?
6. Auf welchem Wege kann eine allenfallsige Doppelbesteuerung beseitigt oder gemildert werden?

Die Antworten sind unter Anführung der bestehenden Vorschriften zu begründen.

---

9. Aufgabe der zweiten Abteilung
(mit einer Beilage).

Arbeitsfrist: 9 Stunden.

I.

Der im rechtsrh. Bayern gelegene Schulsprengel Lichtenhof umfaßt die Gemeinde Schönau und die zur Stadtgemeinde X. gehörende Ortschaft Lichtenhof. Der Schulsitz ist in Lichtenhof. Die Schule — zurzeit noch 2 Abteilungen — ist mit 2 Volksschullehrern besetzt. Wegen Errichtung einer 3. Lehrstelle schweben Verhandlungen, worüber unten noch Näheres vorzutragen ist. Die 2. Lehrstelle wurde im Jahre 1842 errichtet. Über die wohl auf das 18. Jahrhundert zurückgehende Entstehung der Schule selbst, und damit der ersten Lehrstelle, fehlen bestimmte urkundliche Nachweise.

Ab 1. Januar 1907 mußten die Gehaltsverhältnisse des Lehrpersonals in Lichtenhof nach gesetzlicher Vorschrift durch das unterm 1. Dezember 1906 aufsichtlich genehmigte Ortsstatut vom 20. November 1906 neu geregelt werden infolge unerwartet rascher Mehrung der Bevölkerung.

In den hienach bis zum 31. Dezember 1906 gültig gewesenen Fassionen befinden sich u. A. folgende Vorträge:

In der Fassion der I. Schulstelle: „Von der Kirchenstiftung Schönau 240 ℳ 18 ₰ Gehalts-Zuschuß". Dieser Vortrag ist unter Hauptabteilung I — Schuldiensterträgnisse — Ziff. 4b der Einnahmen enthalten.

In der Fassion der II. Schulstelle und zwar auch unter Hauptabteilung I — Schuldiensterträgnisse — Ziff. 5a der Einnahmen: „Von dem Gutsbesitzer Hans Müller zu Eichberg 300 ℳ Gehalts-Zuschuß".

Bis zum Jahre 1899 waren nur Katholiken im genannten Schulsprengel ansässig.

In diesem Jahre entstand in Lichtenhof eine Maschinenfabrik, was den Zuzug protestantischer Arbeiter-Familien zur Folge hatte.

Bei der Aufstellung des Voranschlags für die Schulkasse Lichtenhof für das Jahr 1914 (siehe die Beilage) ergaben sich Schwierigkeiten.

Während der Auflagefrist (1.—14. November 1913) beantragte die katholische Kirchenverwaltung Schönau und der Privatier H. Müller „die Absetzung der im Voranschlage vorgesehenen Gehalts-Zuschüsse mit 240 ℳ 18 ₰ und bzw. mit 300 ℳ, weil eine Verpflichtung zu deren ferneren Leistung nicht bestehe".

Der II. Lehrer Korn verlangte die „durchlaufende" Verrechnung seines Organisten-Bezuges (in der Beil. Buchst. d der Einnahmen), welcher unter Änderung des Vortrags zu Buchst. b der Ausgaben (siehe Beilage) mit 400 ℳ auch ausgablich als ihm gebührend einzustellen sei, wenn dieser Betrag, welcher „in seinen ortsstatut. Bezug mit unbestritten 2900 ℳ nicht eingerechnet werden dürfe", ihm nicht überhaupt aus der Kirchenstiftungs-Kasse direkt auszubezahlen sei, was er beantrage. Er verlangte auch Zahlung des Betrages von 400 ℳ für die Jahre 1909 mit 1913, also für 5 Jahre, nachträglich aus der Schulkasse. Der I. Lehrer Fleißig beantragte „die Einstellung des Betrages von 300 ℳ in den Voranschlag,

weil er diesen Betrag als „persönliche Gehalts-Zulage" neben seinem ortsstatut. Gehalte zu beanspruchen habe.

Der verstärkte Stadtmagistrat X. — in der Pfalz verstärkter Gemeinderat, verstärkter Stadtrat — wies alle Einwendungen zurück und stellte den Voranschlag fest, wie vorgesehen (Beschluß vom 16. November 1913). Er berechnete die Steuerbeträge der Beteiligten im Schulsprengel, stellte den Hundertsatz fest und verteilte hienach den ungedeckten Bedarf (siehe Beil. Buchst. f der Einnahmen) auf die beiden Sprengelgemeinden, wogegen von keiner Seite Beschwerde erhoben wurde.

Dagegen kamen am 18. November 1913 folgende Beschwerde-Anträge bei dem K. Bezirksamte P., in dessen Amtsbezirk die sämtlichen beteiligten Ortschaften und Gemeinden gelegen sind, ein:

a) Von der katholischen Kirchenverwaltung Schönau: „Das Bezirksamt wolle entscheiden, daß die Kirchenstiftung zur ferneren Zahlung des Gehalts-Zuschusses mit 240 ℳ 18 ₰ nicht verpflichtet sei."

b) den gleichen Antrag stellte der Privatier Hans Müller hinsichtlich des verlangten Gehalts-Zuschusses mit 300 ℳ.

c) der II. Lehrer Korn verlangte bezirksamtliche Entscheidung im Sinne seiner obigen Einwendungen und Anträge.

d) der I. Lehrer Fleißig bat um bezirksamtliche Entscheidung über den von ihm geltend gemachten Anspruch (300 ℳ persönlichen Gehalts-Zuschuß).

Der verstärkte Stadtmagistrat X., entsprechend verständigt, legte die Verhandlungen vor unter Beifügung einer Abschrift des festgesetzten Voranschlages (Art. 88/135 der rechtsrh. Gem.-Ord.) / (Art. 68 der pfälz. Gem.-Ord.).

Er beantragte die Abweisung der vom Lehrer Korn und von Lehrer Fleißig gestellten Anträge und Forde-

rungen. Den Ansprüchen des Schulsprengels gegen die Kirchenstiftung Schönau und den Privatier Müller dagegen, deren Verpflichtung zur ferneren Zahlung der eingestellten Gehalts-Zuschüsse auszusprechen sei, bitte er stattzugeben.

Wegen der von ihm dem Ansatze zu Buchst. c der Ausgaben (siehe Beilage) beigefügten Rechtsverwahrung blieb weitere Erklärung vorbehalten. Die Verpflichtung zur Errichtung einer 3. Lehrstelle sei, wie dem Bezirksamte bekannt sei, bestritten. Lehrsaal und sonstiger Sachbedarf seien vorhanden und würden, wenn der Schulsprengel im Streitsverfahren unterliege, ohne Weiteres zur Verfügung gestellt.

II.

Die Feststellung des Sachverhalts und die Verhandlung mit den Beteiligten durch das genannte Bezirksamt ergab Folgendes:

a) Gehaltszuschuß der Kirchenstiftung Schönau mit 214 ℳ 18 ₰. In der ältesten vorhandenen „Zusammenstellung der Einkünfte des Schulmeisters in Lichtenhof“ vom Jahre 1728 ist einnahmlich ein Zuschuß von 50 fl. (85 ℳ 50 ₰) der Kirchenstiftung Schönau vorgetragen. In den Bemerkungen wird auf ein „landesherrl. Reskript“ vom Jahre 1725 Bezug genommen. In der Fassion des Jahres 1833 ist der gleiche Vortrag enthalten. Weiteres über die Entstehung dieses Reichnisses ist urkundlich nicht festzustellen. Aus einer älteren Pfarrbeschreibung ist ein Vortrag erwähnenswert, wornach die „sehr vermögliche Kirchenstiftung“ zu den Schulen des Pfarrbezirks, zu dem auch Lichtenhof gehört, erhebliche Zuschüsse leisten müsse. Die älteren Fassionen der Nachbarschulen lassen auch solche in verschiedener Höhe ersehen mit ähnlicher Bemerkung, wie sie oben niedergelegt ist.

Als Anfangs der 40 iger Jahre des vorigen Jahrhunderts sich die Errichtung einer II. Lehrstelle in Lichtenhof als dringlich, die Beschaffung der nötigen Geldmittel

aber als schwierig erwies, beschloß die genannte Kirchenverwaltung — in der Pfalz damals „Fabrikrat" — am 1. Dezember 1841

„zur Beseitigung. der bestehenden Schwierigkeiten und „zur Förderung des Unterrichts und der Erziehung der „Schulkinder, insbesonders auch behufs deren leichterer „Überwachung in der Kirche durch zwei Lehrkräfte, aus „den reichlich vorhandenen Mitteln der Kirchenstiftung „— der Grundetat schloß mit 2500 fl. ab — alljährlich „weitere 90 fl. (154 ℳ 38 ₰) im ganzen also 140 fl. „(später umgewandelt in 240 ℳ 18 ₰) zum Gehalte „des I. Lehrers beizutragen, um so dem Schulsprengel „die entsprechende Minderung der eigenen Bargeldlei„stung zu diesem Gehalte und die Aufbringung des Ge„haltes des II. Lehrers zu erleichtern".

Diesem Beschlusse wurde die Kuratel- und die Oberkuratel-Genehmigung mit Zustimmung des Ordinariats zuteil. Die Leistung erfolgte bis zum Streitsbeginn. Im Grundetat der Kirchenstiftung und in der Fassion des I. Lehrers (siehe oben) fand entsprechender Eintrag statt.

Die nunmehr notwendige Erweiterung der Kirche — Turmbau — erforderte große Mittel, weshalb künftig die Renten des Kirchenstiftungsvermögens — Fabrikgut — nicht nur für die Befriedigung der eigentlichen Ortskirchenbedürfnisse vollständig benötigt sein, sondern auch voraussichtlich nicht mehr zureichen werden.

Die einvernommene Kirchenverwaltung begründete mit dieser von keiner Seite bestrittenen Tatsache ihre Weigerung zur ferneren Leistung des Zuschusses. Beide Beträge seien unter Voraussetzungen bewilligt worden, die nicht mehr bestünden. Der Schulsprengel sei nunmehr sehr leistungsfähig, die Kirchenstiftung dagegen insuffizient. Die Schule in Lichtenhof habe überdies inzwischen konfessionell-gemischten Charakter angenommen, insoferne sie nun auch von Kindern protestantischer Eltern kraft ihrer Schulsprengelzugehörigkeit besucht werde. Zur Leistung von Zuschüssen an eine solche Schule könne aber die kath. Kirchenstiftung keinesfalls mehr verhalten werden.

Auch erhielten die Lehrer ihren Gehalt jetzt voll und ganz aus der Schulkasse, was auf die Gehaltszuschüsse Dritter nicht ohne Einfluß sein könne. — Der verst. Stadtm. erwiderte, er halte die Weigerung der Kirchenverwaltung zur ferneren Leistung für gänzlich unbegründet und verlange dementsprechende Entscheidung der Verwaltungsbehörde. Die Art und Weise, wie der Zuschuß in seinen beiden Teilen entstanden sei, lasse dessen Zurückziehung auch bei veränderten Verhältnissen nicht als zulässig erscheinen.

Das Ortsstatut enthalte keine besondere Bestimmung wegen Inanspruchnahme der Leistungen Dritter „zur Schulkasse" statt „zum Lehrer-Gehalte". Eine solche sei auch nicht notwendig, zumal diese Leistungen bisher auch nach erfolgter ortsst. Gehaltsregelung widerspruchslos betätigt worden seien. Der I. Lehrer Fleißig erklärte, er halte sich nicht für streitsbeteiligt und erhebe auch keinen Anspruch auf den fraglichen Gehalts-Zuschuß. Wie das Bezirksamt feststellte, enthält das Ortsstatut keine Bestimmung wegen Inanspruchnahme der Gehalts-Zuschüsse Dritter zur Schulkasse.

Zu Buchst. b. Zuschuß des Hans Müller mit 300 ℳ zum Gehalte des II. Lehrers.

Im Jahre 1894 erwarb der Bankier Hans Müller aus München in der zur Gemeinde Eichberg gehörigen nahe bei Lichtenhof gelegenen Ortschaft Eichberg einen großen Gutskomplex und erbaute in dessen Mitte eine von ihm und dessen Familie in den Sommermonaten bewohnte Villa. Seinem Sohne Fritz, welcher die Schule in Lichtenhof besuchte, ließ er durch den II. Lehrer allda auch Privatunterricht erteilen. Trotz des hiedurch erzielten Nebenverdienstes blieben die Inhaber der II. Lehrstelle stets nur kurze Zeit auf ihrem Posten, da die Fassion nur mit dem gesetzlichen Minimal-Einkommen abschloß. Die Folge war ein schlechter Unterrichts- und Erziehungsstand in der Schule, was dem Müller aus obigen Erwägungen nicht gleichgültig sein konnte.

Um dem abzuhelfen, verpflichtete sich der sehr vermögliche Hans Müller zu Urkunde des K. Notars Glück in X. vom 23. November 1900 für sich und seine Nachkommen mit Zustimmung der Schulbehörden gegenüber der Schulsprengelvertretung zur jährlichen Leistung eines Zuschusses von 300 ℳ behufs Erhöhung der Gehaltsbezüge des II. Lehrers. Auch erklärte er sich damit einverstanden, daß der bezeichnete Zuschuß, welcher ursprünglich als „persönlicher Gehaltszuschuß" gedacht war und als solcher auch gegeben wurde, in der Fassion der II. Lehrstelle vorgemerkt werde, was auch geschah. Bei Aufstellung der letzten Fassion im Jahre 1902 — im Anlasse des Inkrafttretens des neuen Schulbedarfgesetzes — wurde aber der fragliche Zuschuß mit ausdrücklicher Zustimmung des Hans Müller und des damaligen II. Lehrers auf Antrag der Schulsprengelvertretung in das gesetzliche Minimal-Einkommen (1200 ℳ — Art. 7 des Schulbed.-Ges. —) der II. Lehrstelle eingerechnet und dementsprechend die Fassion aufgestellt und abgeschlossen. Hans Müller hatte sich zu bezirksamtlichem Protokolle vom 1. November 1902 auch unter diesen Verhältnissen zur ferneren Leistung bereit erklärt.

Zahlung erfolgte jährlich bis zum Streitsbeginne zur Schulkasse, aus welcher der II. Lehrer den fraglichen Zuschuß bis 1. Januar 1903 neben seinem fassionsmäßigen Gehalte bezog. Vom bezeichneten Zeitpunkte ab erhielt der II. Lehrer nur mehr die fassionsmäßigen — entsprechend erhöhten — und ab 1. Januar 1907 die ortsstatutarischen Bezüge, während der strittige Zuschuß, nach wie vor, wie bemerkt, zur Schulkasse einbezahlt wurde.

Hans Müller, einvernommen, erklärte:

„Er habe kürzlich sein Gut in Eichberg verkauft, sei „nach München verzogen und habe nunmehr weder „irgendwelche Beziehungen mehr zur Schule in Lichtenhof noch auch irgendein Interesse mehr an dieser „wie an den Gehaltsverhältnissen der Lehrer. Übrigens „bezögen diese nunmehr auch einen erheblich höheren „Gehalt nach Ortsstatut. Die Verhältnisse und die Vor-

„aussetzungen, unter denen er sich seinerzeit verpflichtet „habe, hätten sich also vollständig geändert, weshalb „seine Weigerung, fernerhin zu zahlen, sich rechtfertige."

II. Lehrer Korn, einvernommen, erklärte, er halte sich nicht für streitsbeteiligt und erhebe auch keinen Anspruch auf Zahlung des Betrages neben seinem ortsstatut. Gehalte.

Der verst. Stadtm. Lichtenhof erklärte die Zahlungsverweigerung durch ꝛc. Müller für ungerechtfertigt und deren Begründung für verfehlt. Er verlangte Zahlung zur Schulkasse und dementsprechende Entscheidung des Bezirksamtes. Daß es sich um eine dauernde und unentziehbare Leistung handle, beweise der Eintrag in die Fassion, wobei auf Art. 7 Abs. IV des alleg. Schulbed.-Ges. zu verweisen sei. Die in Mitte liegende ortsstatutarische Gehalts-Regelung vermöge hieran nichts zu ändern, wobei auf das zur Beschwerde der Kirchenverwaltung Schönau Bemerkte zu verweisen sei.

Zu Buchst. c. Anspruch des II. Lehrers Korn gegen den Schulsprengel.

Der niedere Kirchendienst an der Kirche in Schönau war bis zum 31. Dezember 1906 mit der ersten Lehrstelle in Lichtenhof verbunden. Von diesem Zeitpunkte ab wurde er von dem bezeichneten Schuldienste getrennt und wurde ein eigener Mesner aufgestellt. Die Funktion eines Organisten und Chorregenten wurde unter Zustimmung der Orts- und Distriktsschulbehörden nach Beschluß der Kirchenverwaltung vom 20. Dezember 1906 dem damaligen Inhaber der II. Lehrstelle, genanntem Lehrer Korn, mit dessen Einverständnis übertragen gegen einen jährlichen Funktionsbezug von 400 ℳ.

Die bezüglichen Verhandlungen erhielten im Einvernehmen mit dem Ordinariate die Genehmigung der K. Regierung mit der Begründung, daß auch von Schulaufsichtswegen nichts zu erinnern sei gegen die Übertragung des Organisten und Chorregenten-Dienstes an den II. Lehrer Korn in Lichtenhof.

Im Ortsstatute vom 20. November 1906 — siehe oben Ziff. I — findet sich die Bestimmung, daß „Kirchendiensterträgnisse nach gesetzlicher Vorschrift in den ortsstatutarischen Gehalt einzurechnen sind". Das einvernommene Lehrpersonal hatte keine Erinnerung gegen das Ortsstatut erhoben.

Vom Schulkassier wurde dem II. Lehrer Korn, welcher ab 1. Januar 1907 einen ortsstatutarischen Gehalt von 2600 ℳ hatte — Vorrückung ab 1. Januar 1909 auf 2900 ℳ — unter Hinweis auf das Ortsstatut und Art. 13 Abs. V des Schulbed.-Ges. nur 2200 ℳ ausbezahlt. Bei Empfangnahme des ersten Monats-Gehaltes erklärte Korn, er müsse die Berechtigung des Schulkassiers zur Einrechnung seines Funktions-Bezuges für die Versehung des Organistendienstes in den Gehalt bezweifeln und behalte sich für jeden Fall Ersatz-Anspruch bevor. Eine Klagestellung bzw. einen Antrag auf Entscheidung unterließ er jedoch.

Korn, einvernommen, erklärte:

„Er bestreite, aufmerksam gemacht durch neue Ent-
„scheidungen, die Berechtigung der Schulkasse-Verwal-
„tung zur Einrechnung seines Funktions-Bezuges in
„seinen ortsstatutarischen Gehalt. Dieser sei ihm also
„künftighin, neben seinem Funktions-Bezuge zu 400 ℳ,
„mit 2900 ℳ jährlich auszubezahlen. Dementsprechend
„sei zu entscheiden. Zugleich sei auszusprechen, daß der
„Schulsprengel ihm für das Jahr 1913 einen ortsstatu-
„tarischen Gehalt von gleicher Höhe und für die Jahre
„1909 mit 1912, also für 4 Jahre, je 400 ℳ, im
„ganzen also 5 Jahres-Beiträge, nachträglich zu be-
„zahlen habe. Verjährung sei nicht eingetreten gemäß
„§ 197 BGB."

Der verstärkte Stadtmagistrat X. erwiderte, die Ansprüche des Korn seien in jeder Hinsicht unbegründet. Die Einrechnung des mehrerwähnten Funktions-Bezuges in den Gehalt sei nach Gesetz und Ortsstatut und auch aus dem Grunde gerechtfertigt, weil der Genannte durch seine Funktion nicht selten seinen schuldienstlichen Pflichten ent-

zogen und in diesen entlastet werde. Dem Anspruch auf Nachzahlung stehe auch Verjährung entgegen. Die katholische Kirchenverwaltung erklärte, daß sie sich an dem Streite, ob der Funktions-Bezug in Frage in den Gehalt eingerechnet werden dürfe, für nicht streitsbeteiligt erachte. Sie sei jederzeit bereit, diesen Betrag an den genannten Lehrer direkt abzuführen. Die angegebene Höhe des Bezugs werde von ihr in keiner Weise bestritten. Das ihr seinerzeit mitgeteilte Ortsstatut hatte sie ohne Erinnerung zurückgegeben. —

Zu Buchst. d. Anspruch des I. Lehrers Fleißig auf Fortgewährung einer persönlichen Gehalts-Zulage von 300 ℳ.

In Lichtenhof befindet sich ein Waisenhaus. Der I. Lehrer Fleißig versah bis 31. Dezember 1903 die Stelle eines sog. Waisenhausvaters. Als solchem war ihm die Überwachung des Haushaltes und der Pflege der Waisenkinder sowie ihrer häuslichen Vorbereitung auf den Unterricht, den diese an der Schule zu Lichtenhof erhielten, gegen ein Jahreshonorar von 300 ℳ aus der Waisenhausstiftung übertragen. Ab 1. Januar 1904 wurde ein eigener Waisenhausverwalter aufgestellt. Lehrer Fleißig wollte sich wegen des ihm hiedurch entstehenden Einnahme-Ausfalles versetzen lassen. Um den genannten Lehrer, welcher sich einer besonderen Wertschätzung erfreute, der Schule in Lichtenhof dauernd zu erhalten, beschloß der verst. Stadtmag. X. am 20. Dezember 1903:

„Dem Lehrer Fleißig sei in Anerkennung seiner „vortrefflichen Schulführung und besonders der jeweiligen musterhaften Vorbereitung der Waisenkinder auf „den Schulunterricht ein besonderer persönlicher Gehaltszuschuß auf Dienstesdauer neben seinem Gehalte „zu bewilligen."

In der Fassion — Abschluß 1500 ℳ in Einnahme und Ausgabe — fand lediglich die Vormerkung dieses Bezugs statt.

Der Beschluß nebst dementsprechender Verteilung des Aufwands wurde von keiner Seite beanstandet und von den Schulbehörden gutgeheißen. Der Betrag von 300 ℳ wurde jeweils im Voranschlage eingestellt.

In dem ab 1. Januar 1907 gültigen Ortsstatute — siehe oben — ist eine Bemerkung über besondere Gehalts-Zulagen nicht enthalten. Dasselbe ist im wesentlichen dem von der Staatsregierung bekannt gegebenen Musterstatut (abgedr. bei Seiler, Comm. z. Schulbed.-Ges. S. 567 ff.) nachgebildet. Das Lehrpersonal hat, wie oben schon bemerkt, gegen dasselbe seinerzeit eine Erinnerung nicht erhoben. Die sämtlichen Dienstalterszulagen sind nicht eingerechnet. Die Zahlung des Zuschusses an Fleißig erfolgte bis jetzt auch neben dem ortsstatut. Gehalte für die Jahre 1907 u. ff.

Der verst. Stadtm. einvernommen, erklärte, daß die fernere Zahlung verweigert werde, weil der Schulsprengel hiezu nicht verpflichtet sei. Die von der Regierung geforderte, wenn auch bestrittene, Errichtung einer 3. Lehrstelle zwinge für jeden Fall zur sparsamsten Verwaltung der Schulkasse.

Es handle sich um eine rein freiwillige und daher jederzeit zurückziehbare Leistung, auf welche Fleißig jedenfalls seit dem 1. Januar 1907 keinen Rechtsanspruch mehr habe. Hieran vermöge auch die tatsächlich bis jetzt noch erfolgte Zahlung neben dem ortsst. Gehalte nichts zu ändern. Denn durch das Ortsstatut sei eine zusammenfassende Neuregelung der Gehaltsverhältnisse erfolgt bei wesentlicher Erhöhung der Gehalts-Bezüge. Neben ortsstatut. Gehaltsregelung sei die Gewährung von persönlichen Zulagen gesetzlich ausgeschlossen. Man habe selbstverständlich seinerzeit die Zulage nur neben dem damaligen Gehalte bewilligen wollen.

Übrigens müsse auch die Zuständigkeit der Verwaltungsbehörden zur Entscheidung der Streitfrage bestritten werden, da Fleißig einen öffentl. rechtl. Anspruch gegen den Schulsprengel nur auf seinen ortsstat. Gehalt habe. — Die einvernommenen an der seinerzeitigen Beschlußfassung

beteiligt gewesenen Mitglieder der Schulsprengelverwaltung bestätigten die obige Behauptung des verst. Stadtmagistrats. — Lehrer Fleißig trat diesen Ausführungen in allen Punkten entgegen und wiederholte seinen Beschwerde-Antrag. Weder das Schulbedarf-Gesetz, noch das Ortsstatut stehe dem ferneren Bezuge seines Gehalts-Zuschusses, auf den er einen vor den Verwaltungsbehörden geltend zu machenden Rechtsanspruch aus dem in seinem Wortlaute klaren Beschlusse vom 20. Dezember 1903 habe, entgegen. Gegebenenfalls müsse er in die nächst höhere Gehaltsstufe (3500 ℳ) eingereiht werden, was er event. beantrage.

Der verst. Stadtmagistrat X. trat auch diesem Eventual-Antrage entgegen. — Lehrer Fleißig ist in die ihm nach seinem Dienstalter gebührende Gehaltsstufe (3200 ℳ) eingereiht. —

e) Bereitstellung des Gehalts für einen Schulverweser mit 1600 ℳ (Buchstabe c der Ausgaben des Voranschlages.

Hiezu lassen die Akten Folgendes ersehen:

Seit längerer Zeit macht sich eine erhebliche Steigerung des Schulbesuchs — Schulbeginn am 1. Mai — besonders in der II. Schulabteilung geltend. Nach den unwidersprochenen und amtlich als richtig befundenen Feststellungen der Ortsschulbehörde, welche die Errichtung einer III. Lehrstelle beantragte, ergeben sich in dieser Abteilung folgende Schulbesuchs-Ziffern:

1907/08	während des ganzen Schuljahres	93	Werktagsschulpfl.
1908/09	" " " "	103	"
1909/10	" " " "	98	"
1910/11	" " " "	103	"
1911/12	in der Zeit v. 1. Mai –31. Aug. 1911	104	"
	in der Zeit v. 1. Sept.—31. Dezbr. 1911	98	"
	in der Zeit v. 1. Januar—30. April 1912	104	"

Der verstärkte Stadtmagistrat X. verhielt sich ablehnend gegen die beantragte Stellenerrichtung. Die K.

Regierung Kammer des Innern von O. stellt hierauf unwidersprochen fest, daß sich der Schulbesuch, welcher zu Beginn des Schuljahres 1913/14 104 Werktagsschulpflichtige betrug, in den kommenden Jahren noch steigern werde, und ließ den genannten verstärkten Stadtmagistrat mit Entschließung vom 1. Juli 1913, zugestellt am 8. Juli cr. eröffnen, daß sie die Errichtung einer mit einem Schulverweser zu besetzenden 3. Lehrstelle für rechtlich zulässig, aber auch als unbedingt geboten und dringlich erachte, weshalb die Bereitstellung der Mittel hiefür durch den Schulsprengel, sowie deren Einstellung im Voranschlage pro 1914 verlangt werden müßten. In dieser Entschließung wird lediglich auf die gepflogenen Erhebungen verwiesen. Am 22. Juli 1913 lief bei der genannten Kreisstelle ein Beschluß des verstärkten Stadtmagistrates vom 20. Juli cr. ein, in welchem der erwähnten Entschließung mit der Behauptung entgegengetreten wurde, daß die gesetzlichen Voraussetzungen nicht gegeben seien, unter denen die erwähnte Lehrstellenerrichtung verlangt werden könne. Es werde Entscheidung beantragt.

Die K. Regierung ließ dem verst. Stadtmagistrat eröffnen, und zwar mit Entschließung vom 18. Juli cr., zugest. am 5. Aug. cr., daß sie an der Entschließung vom 1. Juli 1913 festhalten müsse.

Bei der Verhandlung der Sache vor dem K. Bezirksamte P. — im Anlasse der dem Voranschlage beigefügten Rechtsverwahrung — führte der verst. Stadtmagistrat noch des Näheren aus, daß in einem Falle der Errichtung einer Lehrstelle gegen den Willen der gesetzlichen Schulsprengelvertretung die sämtlichen gesetzlichen Voraussetzungen hiefür gegeben sein müßten. Im vorwürfigen Falle aber fehle es mit Rücksicht auf die erheblichen Schwankungen im Schulbesuch des Jahres 1911/12 an der geforderten durchschnittlichen Schulfrequenz.

Es werde daher Entscheidung des K. Bezirksamts gemäß Art. 10 Ziff. 19 des Ges. vom 8. Aug. 1878 dahingehend beantragt, daß der Schulsprengel zur Aufbringung

des bezüglichen im Voranschlage nur mit Vorbehalt eingestellten Schulbedarfs nicht verpflichtet sei.

Der verstärkt. Stadtm. X. gab schließlich noch folgende Erklärung ab:

Der Umstand, daß von der Kirchenverwaltung Schönau und von dem Privatier Müller Leistungen bestritten werden, welche im Voranschlage vorgesehen seien, ferner, daß von den beiden Lehrkräften erhebliche im Voranschlage nicht vorgesehene Aufwendungen der Sprengelgemeinden verlangt werden, könne zwar auf die beschlossene und von keiner Seite mit Beschwerde angefochtene Verteilung des ungedeckten Bedarfs und auf die Umlagenerhebung nicht von Einfluß sein. Allein da die Entscheidung der Streitsachen für die Führung des Schulkasse-Haushaltes pro 1914 doch von großer Bedeutung sein könne, werde beschleunigte und gleichzeitige Entscheidung sämtlicher Streitpunkte erbeten.

III.

Das K. Bezirksamt P. hielt die gleichzeitige Entscheidung der einzelnen Streitspunkte in einem Beschlusse zwar nicht für notwendig, da dieselben trotz des Zusammenhangs mit dem Voranschlage und dem Vollzuge des Ortsstatuts doch „bei der Verschiedenheit der Streitsbeteiligten und weil die geltend gemachten Ansprüche nicht auf demselben Rechtsgrunde beruhen", nicht als „unter sich zusammenhängend" — „konnex" — zu erachten seien. Bei der nach der Annahme des Bezirksamts zu sämtlichen Streitspunkten gegebenen örtlichen und sachlichen Zuständigkeit des Bezirksamts zu deren Würdigung bestehe aber jedenfalls kein Hindernis für deren gleichzeitige Entscheidung in einem und demselben Beschlusse. Diese werde vielmehr aus dem von dem verst. Stadtm. angegebenen Grunde für zweckmäßig erachtet.

Das genannte Bezirksamt erließ deshalb unterm 25. November 1913 im Benehmen mit der K. Distriktsschulinspektion folgenden Beschluß:

I. Die Katholische Kirchenstiftung Schönau ist verpflichtet, den Betrag von 240 ℳ 18 ₰ jährlich auch fernerhin zur Schulkasse Lichtenhof zu bezahlen.

II. Der Privatier Hans Müller in München ist verpflichtet, den Betrag von 300 ℳ jährlich auch fernerhin zur genannten Schulkasse zu bezahlen.

III. Die Ansprüche
a) des Volksschullehrers Korn und
b) des Volksschullehrers Fleißig
gegen den Schulsprengel Lichtenhof werden abgewiesen.

IV. Der genannte Schulsprengel ist verpflichtet, den ortsstatutarischen Gehalt für einen Schulverweser mit 1600 ℳ aufzubringen.

V. Die Kosten des Verfahrens haben mit je ein Fünftel die Katholische Kirchenstiftung Schönau, der Privatier Hans Müller, der Volksschullehrer Korn, der Volksschullehrer Fleißig und der Schulsprengel zu tragen.

Als Staatsgebühr wird der Betrag von 30 ℳ angesetzt. Begründet ist dieser den Beteiligten am 27. Nov. 1913 zugestellte Beschluß hinsichtlich der Zuständigkeit und des Verfahrens zu sämtlichen Ziffern des Entscheidungssatzes mit den Bestimmungen in Art. 10 Ziff. 19 des Ges. v. 8. Aug. 1878, u. betreffend die sachliche Würdigung im Wesentlichen zu Ziff. I, II und III, a und b des Entscheidungssatzes in Übereinstimmung mit den Ausführungen des verstärkten Stadtmagistrats.

Zu Ziff. IV ging das Bezirksamt von der Erwägung aus, daß Mangels einer rechtzeitigen Beschwerde des verst. Stadtm. gegen die Regierungs-Entschließung vom 28. Juli 1913 die Verpflichtung der Sprengelgemeinden zur Bereitstellung der erforderlichen Mittel bereits rechtskräftig feststehe, weshalb sich die dem Voranschlage

beigefügte Rechtsverwahrung und die hiedurch zum Ausdrucke kommende und auch noch ausdrücklich erklärte Weigerung zur endgültigen Gewährung des erforderlichen Schulbedarfs als unbegründet darstelle. Bei dieser Sachlage sei hierüber im Verfahren nach Art. 10 Ziff. 19 l. c. zu entscheiden. Zur Geltendmachung des Aufsichtsrechtes bestehe nach keiner Richtung ein Anlaß.

Die bezirksamtliche Entscheidungsbegründung ist äußerlich in der Weise eingeteilt, daß jeder einzelne Streitsgegenstand nach der Reihenfolge des Entscheidungssatzes in einem besonderen Abschnitte der Würdigung nach der forformalen und der sachlichen Seite unterstellt wird.

Zur Begründung der Entscheidung im Kosten- und Gebührenpunkte ist im Beschlusse auf die einschlägigen Bestimmungen der Ziv.Proz.Ord. und des Gebühren-Gesetzes verwiesen.

Bei der K. Reg. von O. Kammer des Innern kamen am 3. Dezember 1913 folgende Beschwerden ein:

Von der Kirchenverwaltung Schönau zu Ziff. I des bezirksamtl. Beschlusses, von dem Privatier Müller zu Ziff. II, von dem Volksschullehrer Korn zu Ziff. III a, von dem Volksschullehrer Fleißig zu Ziff. III b und von dem verst. Stadtmagistrate X. zu Ziff. IV des Beschlusses.

Die Beschwerdeführer wiederholten lediglich ihre Ausführungen zur I. Inst., ebenso der verst. Stadtm. X als Gegenbeteiligter zu Ziff. I mit II und III a und b. Im übrigen wurden Erklärungen nicht abgegeben. Beantragt wurde von den Beschwerdeführenden jeweils die Abänderung des bezirksamtlichen Ausspruchs im Sinne der Beschwerdebehauptungen unter Überbürdung der Kosten, zu Ziff. I mit II u. III a u. b auf die Sprengel-Gemeinden, zu Ziff. IV auf die Staatskasse.

Die K. Regierung erachtete eine Ergänzung des Sachverhalts und die vorgängige öffentlich-mündliche Verhandlung zu keiner der Beschwerden für veranlaßt.

FSC
www.fsc.org
MIX
Papier | Fördert
gute Waldnutzung
FSC® C083411

Kolibri 360 GmbH
Ferdinand-Jühlke-Straße 7
99095 Erfurt, Deutschland
produktsicherheit@kolibri360.de